KB218469

쉬운 미용 경영학 입문을 위한

# 역발상 생각 근육 키우기

쉬운 미용 경영학 입문을 위한

# 역발상 생각 근육 키우기

2017년 5월 1일 초판 인쇄
2017년 5월 8일 초판 발행

**지은이** 이범식 전소현

**발행인** 조규백

**발행처** 도서출판 구민사

주  소 서울특별시 영등포구 당산로2길 12, 1004호
Tel (02)701-7421        Fax (02)3273-9642
Http://www.kuhminsa.co.kr
등록 제14-29호(1980년 2월 4일)

ISBN 979-11-5813-445-7 93150
값 15,000원

이 책은 구민사가 저작권자와 계약하여 발행했습니다.
본사의 서면 허락 없이는 어떠한 형태나 수단으로도
이 책의 내용을 이용할 수 없음을 알려드립니다.

쉬운 미용 경영학 입문을 위한

# 역발상 생각 근육 키우기

**이범식, 전소현** 지음

구민사

## 프롤로그

역발상 생각 근육 키우기의 원래 제목은
'이범식의 1분 감성 칼럼'이다.

미용 관련 지인들과의 모임이나 협회, 단체에 소속되어 활동하다 보면 하루에도 수도 없이 같은 내용, 같은 제목의 글들이 자체 복사되어 밴드를 비롯한 각종 SNS상에 무한 반복된다. 쉽지 않은 일임에도 좋은 글들을 보내주시는 분들에게 무한한 감사함을 표현하기보다는 아침에 알람이 필요없을 정도의 소음 공해라는 건방진 생각마저 하게 되었다. 정말 죄송할 따름이다. 물론, 글의 내용들을 찬찬히 읽어보면 다 좋은 말들이고 업무에도 도움이 될 내용들이 많다. 하지만, 어느 순간 너무 획일화되어 간다는 생각에 나 스스로 반기를 들게 되었다.

다른 환경과 분야에서 생활하고 일하는 사람들은 결국 같은 생각, 그리고 동일한 사고를 할 수 없다는 것이 나의 생각이고, 학창시절부터 무의미한 반복이나 획일적인 사고 자체를 체질적으로 싫어했던 나만의 삐딱선이었을지도 모르겠다. 그렇게 나름의 반기를 들며 모바일 상에 글을 올리게 되었다. 처음에는 나와 관련된 분들에게만 보여졌던 글들이 이제는 제법 꼬리에 꼬리를 물고 입소문을 타면서 많은 사람들이 공감하게 되었다. 이 자리를 빌려 진심으로 감사한다.

장문의 텍스트는 글을 읽는 도중에 지치는 경우도 많아 1분 안에 쉽게 읽을 수 있는 글과 생각을 적어본 것이다. 그래서 책을 읽어보면 알겠지만 주제는 일상이고, 일상에 대한 일탈(?)을 이유로 역발상 해보자는 것이다. 몸의 근육도 운동을 하고 쓸수록 근육량이 늘어나듯 다른 생각의 근육도 쓰면 쓸수록 근육이 늘어난다는 이유에서다. 물론, 글도 그리 길지 않으니 걱정부터 앞서는 것은 금물이다.

경영학이라는 단어의 무게감에 눌려 막연히 어렵게만 생각한다거나 수치적인 통계를 떠올려 방치하기보다는 우리의 일상이 경영의 축소판이고 결국은 선택을 위한 합리적인 의사결정을 하는 것이니 쉽게 미용 경영학을 접하자는 취지다.

역발상 생각 근육 키우기는 전체 70개의 에피소드로 구성되어 있으며, 원래의 1분 감성 칼럼의 취지를 살려 글을 읽는데 그리 오랜 시간이 걸리지 않게 작성되었다. 하지만, 장마다 글이 끝나는 부분에는 관련 이미지와 사진을 병행 수록하였다. 반드시 관련 이미지를 그냥 지나치지 않기를 당부한다.

또한 책의 내용을 읽은 후에 관련 그림과 사진을 보며 반드시 사색하는 시간을 가지라고 말씀드리고 싶다. 근육은 운동을 할 때 늘어나는 것이 아니라 운동 후 휴식을 통해 길러지기 때문에 글을 읽고 반드시 자신만의 생각을 정리하는 시간을 가져 생각의 근육을 키우기를 당부한다.

어쩌면 SNS상에서 떠돌다 끝날 수도 있었을 에피소드를 책으로 엮어 세상의 빛을 보게 해주신 구민사 조규백 대표님과 김효섭 차장님, 그리고 영원한 나의 은사이신 건국대학교 산업대학원장님이신 최태부교수님께 감사드린다.

집필에 난항을 겪을 때마다 고비를 넘기게 해주신 공동저자 아내 전소현 신구대 교수님께도 감사드리고, 에피소드의 주인공으로도 소개된 아들 동형이에게도 고마운 마음을 전하고 싶다.

끝으로 미용 경영에 자신감을 잃고 어디서부터 시작해야 될지 방향성을 찾지 못하고 계신 미용 경영인들이 자신감을 잃지 않길 바라며, 이 땅의 모든 미용인들에게 당신은 정말 위대한 일을 하고 있는 것이라고 큰 소리로 얘기해주고 싶다.

"미용인 여러분은 이미 위대하고 가치있는 일을 하고 계십니다. 사랑합니다."

2017년 5월 1일
이범식 올림

## 목차

# 모기가 가르쳐 준 부성애

자고 일어났더니 발가락이 모기에 물렸다.

발가락 근처에 모기 물려본 사람들은 알 것이다. 안 긁자니 가렵고 긁었더니 더 가렵고… 나도 모르게 무심결에 내뱉었다.

"이 놈의 모기 새끼"

물파스를 바르며 모기 물린 자리를 자세히 살펴 보았다. 모기가 흡혈하고 간 자리는 빨갛게 부어올랐다. 문득 이런 생각이 들었다.

"정말 새끼 모기가 물었을까?"

모기는 알의 부화를 위해 암컷만이 흡혈하고 암컷은 인간의 피를 통해 새끼를 위한 영양분을 공급받는다고 한다. 그리곤 이내 생을 마감한다고 한다.

이른바 지극한 모성애다.

　얼마 전 신문에 모성애가 깊을수록 아이의 지능이 상승한다는 기사를 본 적이 있다. 많은 사랑을 받은 아이가 기쁨 정서인 엔돌핀과 감동 정서인 다이돌핀의 분비가 더 많다는 보도였다. 생각해 보니 모기만도 못한 부모가 되어선 안 되겠다. 퇴근 후 귀찮다 말고 아들 동형이와 좀 더 놀아 주어야겠다는 생각이 들었다. 지금은 어린 아들이지만 자기도 나이가 들고 성장하게 되면서 분명 아빠가 놀아달라고 사정해도 나 몰라라 할테니 오늘을 즐겨야 한다.
　참 그리고 모기 물린 자리에 소독을 한답시고 침을 바르는 잘못된 상식이 어느덧 정설이 되어 있는데, 이는 2차 감염인 봉와직염의 원인이 될 수 있으니 주의해야 한다.

　"모기야, 아들에 대해 다시 한 번 리마인드하게 해준건 고맙지만 그래도 넌 정말 짜증난다. 아~ 가려워……."

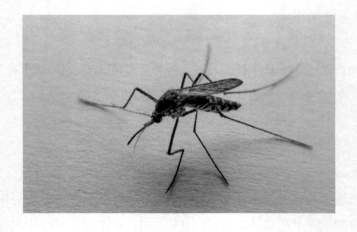

# 직원 간 팀웍 향상!! 2000년 전 노자에게 물었더니…

얼마 전 모 뷰티 협회로부터 칼럼 원고 청탁을 의뢰받았다. 주제는 미용사 간 팀웍과 상호 상생, 공동체 의식 함양에 관한 건이었다. 의뢰자의 장황하고 약간은 지리한 설명에 차라리 직접 쓰시는 게 나을 것 같다고 살짝 깐족거리기까지 했다. 경영학 관점에서의 미용실 조직 관리에 대한 내용을 쉽게 풀어달라는 말에 "사실적이고 현실적인 칼럼을 원하느냐? 아니면 통계가 가미된 분석학적 칼럼을 원하느냐?"라고 반문했다. 역시나 칼럼 의뢰자는 전자를 원했다.

미용업계에 종사한지 올해로 18년이 지났다. 물론 미용실에서의 인턴 시절 3년을 포함해서 말이다. 미용 경영학은 전략적 사고가 요구되는 일반 경영학과는 접근 방식이나 결과 추론 방식이 확연히 다르다. 이런 발상의 첫 시작점에서부터 나만의 살롱 컨설팅 방향은 결정된다. 언제나 그렇듯 현장에 답이 있다는 고유의 원칙에는 변함이 없다. 미용실이나 피부 관리실의 직원들 팀웍에 대해서도 마찬가지다.

고객 접객이 우선인 미용실과 피부관리실에서는 정기적인 회식자리를 제외하고는 전 직원이 둘러 앉아 한 자리에서 식사하기가 쉽지 않다. 따라서 아무리 워크샵을 통해 직원 간 팀웍을 다졌다 하더라도 먼저 식사하는 팀이 반찬을 다 먹어버리면 후에 나중에 식사하는 팀은 심한 배신감과 함께 짜증이 난다. 워크샵을 통해 술을 마시고 못다한 이야기를 나누며 서로 돈독해졌다고 얘기하지만 썰렁한 식탁을 마주하고서는 이미 직원 간 팀웍이란 말은 물 건너간지 오래다.

미용실에서는 사실 큰 분쟁이 아닌 작은 불씨가 확대되어 직원이 퇴사를 하거나 이직하게 되는 경우가 많다. 이렇게 시작된 작은 원인은 직원의 경쟁력을 약화시켜 결국은 살롱의 생산성 또한 동반 하락시킨다. 내 고향 친구 성규도 청담동 인턴 시절 화장실 청소 문제로 여직원과 다툰 이후 아예 미용을 접어 버렸다고 한다.(성규야 미안 개명했으니 괜찮지?ㅋㅋ)

미용사 간 팀웍과 상생의 동반 의식을 불어 넣고 싶다면 좀 더 세심하게 신경쓰고 각자가 더 배려해야 한다. 우습다 생각 말고 오늘부터 시작해보자. 다른 직원에 대한 배려 없이 식사 때 반찬을 다 먹지는 않는지, 실내 화장실 청소는 서열이 낮은 직원 위주로 특정인만 하고 있지는 않는지…

2000년 전 중국의 왕이 노자에게 물었다.

"중국과 같이 큰 나라는 어떻게 다스려야 하는가?"

노자가 대답했다.

"작은 생선을 요리하듯 해야 합니다. 생선을 너무 일찍 뒤집으면 생선살이 터지고 불 세기를 수시로 살피지 않으면 타거나 덜 익을 수도 있기 때문입니다."

　뷰티 살롱에서의 직원 간 팀웍 향상!! 정말 노자의 말처럼 작은 생선을 요리하듯 세심하고 서로를 특히 더 배려해야 한다.

# "도를 아십니까? 복이 많은 상이세요"

서울을 비롯한 대도시에 사는 사람이나 직장 생활을 하는 사람이라면 아니, 지방에서도 마찬가지로 한번쯤은 길을 지나다 마주친 경험이 있을 것이다.

"도를 아십니까? 복이 많은 상이세요"

출퇴근길에 이미 한두 번 경험한 것이 아니기 때문에 말 섞기도 애매해서 으레 그냥 지나치기 십상이다. 하지만 이번에는 전혀 다른 접근 방식의 사람을 만났다.

"분당 차병원 가려면 어디로 가야하나요?"

퇴근길 집을 향하던 분주한 내 발걸음은 잠시 멈춰졌고 난 열심히 설명해

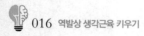

주었다. 그리고 나서 허를 찔린 질문에 봉착했다.

"감사합니다. 그런데 선생님은 전생에 참 복이 많은 상이예요."

아뿔싸!! 나도 모르게 실소가 나왔고 황급히 그 자리를 벗어났다. 도를 아냐는 뜬금포의 막무가내식 영업⑺ 전략으로는 거리의 불특정 다수의 사람들이 말조차 섞지 않고 회피해 버리기에 급급해서인지 그들만의 영업 방식이 진화하였다. 최근 강의에서 내가 울부짖고 다니는 이른바 역발상의 생각 근육 키우기다. 공자님께서 말씀 하셨던가? 지나가는 세 사람 중에도 한 명의 스승이 있다고…….

어이없이 무방비 상태에서 소중한 1분여의 시간을 허비하였지만 그 분을 통해 또 다른 역발상에 대해 공부하는 소중한 시간이 되었다. 역시나 역발상 생각 근육 키우기는 장소와 직업, 대상, 직종을 초월하여 나타난다.

그 분의 말씀처럼 난 정말 전생에 복이 많은 상이었나보다. 우연찮게 지나쳐 갈 수 있는 작은 에피소드가 이렇게 글로 쓰여지고 있으니 말이다.

# 파리 한 마리를 통해 얻는 300억의 가성비

**여**자들은 잘 모르는 남자 화장실만의 비밀이 있다. 남자라면 한번쯤은 봤으리라 생각된다. 남자 소변기에 붙어있는 파리를 본 적이 있는가? 처음에는 저게 무엇인가 궁금하더니 나중에는 나도 모르게 정조준(?)해서 파리를 향해 방사하기 시작한다. 그렇게 되면 자연스럽게 소변기 주변에 더럽힘 없이 깨끗하고 상쾌하게 1차적 욕구를 마치게 된다.

이를 처음 도입한 것은 네덜란드 스키폴 공항으로 남자 화장실의 환경 개선과 청소 인력의 재원 감축을 위해 남자 화장실 소변기에 파리를 붙여놨다. 그 결과 연간 300억 원여의 재원 절감 효과가 발생했고 화장실이 깨끗해졌음은 두말할 것도 없었다.

"남자가 흘리지 말아야 할 것은 눈물만이 아닙니다."

"아름다운 사람은 머문 자리도 아름답습니다."

너무 식상하다. 감성에 호소하는 메시지보다 파리 한 마리가 강하다. 이른바 넛지 마케팅으로 재미와 위트를 중심으로 심리학적 토대위에 세워진 주류 경제학적 발상이다. 넛지 마케팅 역시 생각의 근육을 키우는 중요한 요소이다. 어쩌면 대수롭지 않게 무심코 지나칠 수 있는 주변의 작은 것에서부터 역발상 생각 근육은 자라게 되고 또 그렇게 생각의 근육이 길러져 성공의 신화는 기록되게 된다.

영동고속도로 인천 방면 덕평 휴게소의 남자 화장실에도 이색 변기가 유명하다. 남자 소변기의 벽에 소변이 닿는 압, 그 힘을 통해 남성의 건강이 측정되는 최첨단(?) 변기이다. ㅋㅋ… 호기심이 발동하여 몇 번 사용해 본 적은 있으나 가성비를 생각한다면 파리에 비해 효율성이 무척이나 떨어진다. 파리 한 마리를 통해 무너진 남성의 자존감이 실로 많은 의미를 부여하는 순간이다. 지난번 모기에 이어 이번에는 파리에게도 감사함을 전한다.

# 내가 문신하지 않는 이유?

군장교 시절 의무적으로 시작했던 헌혈이 이제는 제법 습관이 된 듯하다. 그렇게 하나둘씩 모인 헌혈증을 모아 병원이나 기타 봉사 단체에 기증하고 나면 스스로 왠지 모를 뿌듯함이 밀려온다.

나의 외모는 평범하다. 아니 뷰티업계 기준에서는 수준 이하라는 의견이 지배적이다. ㅋㅋ… 그래서 미용실 인턴 시절 원장님을 비롯한 많은 스타일리스트들이 나의 스타일을 바꾸고자 노력했다. 당시 고루한 내 스타일에 붙여진 별명은 '7급 공무원'이었다. 헤어 디자이너는 외모부터 스타일리쉬하게 튀어야 한다며 머리부터 손질하더니 급기야 내 생일에 맞춰 선물이라며 귀까지 뚫어 주었다. 하지만 아직까지도 2% 부족하다며 몸에 문신을 하자고 했다. 다른건 다 수용했지만 문신만은 완강하게 거부했다.

단순히 보수적인 성향의 내 성격 때문이 아니었다. 그렇다고 헤어 디자이너의 길을 포기한 것도 아니었다. 완강하게 문신을 거부한 이유는 몸에 문신을 하게 되면 적어도 1년 동안은 헌혈을 할 수 없기 때문이었다. 세계적인 축구 선수 호날두도 같은 이유로 몸에 문신을 하지 않는다고 한다. 이럴때면 가끔은 하늘도 참 불공평하다는 생각도 하게 된다. 축구 실력은 말할 것도 없고, 잘생긴 얼굴, 몸짱에 그리고 그에 걸맞는 인성까지…

　다양한 선행으로도 화제가 된 대인배 호날두 만큼은 아니더라도 내 몸에 문신을 하는 일은 미용계에 종사하는한 앞으로도 없을 것이며, 나 자신과의 약속인 헌혈은 건강이 유지되는 한 계속 진행될 것이다.


　쭈~욱

# 토끼와 거북이 경주 그 후 20년…

어린 시절 누구나 한번쯤은 읽었거나 들어봤을 법한 이솝 우화에 등장하는 토끼와 거북이의 경주 이야기는 동서양을 막론한 유아 교육의 고전이다. 그렇기에 줄거리를 이야기하는 것 자체가 무의미하다는 생각에 바로 본론으로 들어가고자 한다. 지금부터 전개되는 이야기는 역발상 근육 키우기에 기초한 자만에 빠진 토끼가 느림보 거북이에게 경주에서 지고 20년의 세월이 흐른 뒤의 가상 구성이다.

거북이에게 지고 난 선대 토끼는 대수(?)기피증이 생겨 두문불출 집에만 누워 있더니 급기야는 홧병에 걸리고 말았다. 마지막 임종의 순간에 선대 토끼는 아들 토끼를 부르며 말했다.

"아들아 아빠는 순 간의 자만으로 거북이와의 경주에서 진 뒤 모든걸 잃고 급기야 모든 동물들의 웃음거리가 되었다. 부디 너 만큼은 아빠의 원수를 갚아 우리 토끼 가문의 명예를 지켜다오."

아빠 토끼의 마지막 임종을 안타깝게 지켜보던 아들 토끼는 반드시 복수를 하겠노라 다짐하며 잃어버린 가문의 명예를 지키겠다고 약속했다. 한편 거북이 집안의 선대 거북이 역시 아들 거북이를 불러 말했다.

"아들아 토끼 가문에서는 다시 한 번 경주를 제안하며 설욕을 하고자 할 것이다. 이번에는 경기 중에 낮잠 자는 일도 없을 것이며 상대방을 얕보며 방심하는 일은 절대로 없을 것이다. 우리 거북이들은 안타깝지만 실력으로나 신체구조상으로도 토끼를 경주에서 절대 이길 수 없다. 따라서 너에게 유리한 방향으로 새로운 판을 짜야 한다. 반드시 명심하거라."

그로부터 며칠 뒤 토끼 가문으로부터 경주 제안이 들어왔다. 하지만 아들 거북이는 아들 토끼의 경주 제안을 수락하는 대신 챔피언으로서의 조건을 달았다. 그 조건은 땅 아래에서 산꼭대기까지 완주하던 경주를 반대로 하자는 것이었다.

조건을 달았다고는 하지만 자신만만했던 아들 토끼는 어떤 조건이든 별반 다를 바 없다고 판단하여 전열을 가다듬으며 흔쾌히 수락했다. 그렇게 산꼭대기에서 땅 아래까지 달리는 아들 토끼와 아들 거북이의 재경주에 다시금 모든 동물들의 관심이 집중되었다. 그렇게 결전의 날이 밝았다.

"준비~ 탕!!!"

출발을 알리는 힘찬 총소리와 함께 아들 토끼와 아들 거북이는 그렇게 각자의 아버지 명예를 지키지 위해 열심히 달리기 시작했다. 그런데 아뿔싸! 앞다리가 짧고 뒷다리가 긴 토끼는 내리막길을 달리지 못하고 이리 뒹굴 저리 뒹굴 넘어지기 일쑤였다. 반면 거북이는 출발과 동시에 목과 팔, 다리를 몸통속으로 집어넣더니, 그대로 구르면서 순식간에 결승선을 통과해 버렸다. 이번에도 아들 토끼는 아들 거북이와의 경주에서 지고 말았다.

첫 패배가 상대방과 자신에 대한 방심과 자만이었다면 두 번째 패배는 상대편과 나에 대한 정확한 SWOT 분석을 하지 못한 전략과 전술, 정보력 확보의 실패였던 것이다. 경영학에 전략이니 전술과 같은 말이 많이 나오는 이유가 바로 전쟁의 역사를 통해 시작됐고 발전되어 왔기 때문이다.

손자가 병서에서도 얘기했듯이 싸움에서 이기려거든 반드시 적의 장단점을 알고 나의 약점을 극복하여 유리한 위치를 선점해야만 한다. 얼토당토 않게 지어낸 토끼와 거북이 경주 이야기의 재해석을 통해 역발상 생각 근육을 키워보자.

시대가 급변함에 따라 미용산업 역시 기술 변화에서 다양한 경영 방식과 마케팅이 도입되고 있는 실정이다. 작은 미용실이건 큰 미용실이건 자기만의 S(강점), W(약점), O(기회), T(위협)을 통해 틈새 시장을 개척해야 한다. 그래야 토끼처럼 어이없게 두 번씩이나 지는 일은 없을 것이다.

# 화합의 상징 마카롱이 전하는 행복감

초심을 잃지 않겠다는 나름의 결연한 각오로 시작한 미용 컨설팅 사업이 어느덧 4년째로 접어들었다. 막막했던 우려와는 달리 도와주는 주변 분들이 많아 아직까지는 숫자상으로 흑자를 내고 있다. 다시 한 번 이 자리를 빌어 '이범식의 뷰티경영사관학교'에 관심 가져주신 모든 분들께 감사함을 전한다.

하지만, 위기는 항상 예상치 못한 곳에서 발생하는 것 같다. 사건의 발단은 현재 컨설팅을 진행하고 있는 살롱에서 매출이 가장 높은 TOP 디자이너가 두세 달 전부터 표정이 어둡더니 급기야 퇴사하고 싶다는 의견을 피력한 것이었다.

퇴사의 정확한 이유도 없었고 말은 장황했지만 두서가 없었다. 장소를 바꾸어 1:1 정밀 상담을 한 결과 가정불화가 원인이었다. 밝히기 꺼려하는 가정 문제라 딱히 나설 수도 없는 입장이었고 고심 끝에 다음 방문에서 마카롱을 선물로 주며 상담을 마쳤다.

그리고 시간을 주었다.

마카롱은 프랑스 고급 후식 과자로 널리 알려진 수제 다과다. 2013년 신문 보도에 따르면 마카롱의 가격이 800만 원이나 호가하여 세인들의 관심과 이목을 집중시킨 기억이 난다.

'그래봐야 과자지 뭐가 그리 대단할려구.'

마카롱은 일반인들의 기억속에 프랑스 과자로 알려져 있지만 사실은 이탈리아에서 유래된 고급 후식 과자다. 이탈리아 메디치 가문의 카트린이 프랑스의 왕 앙리 2세와 결혼하게 되면서 메디치 가문의 요리사들도 동행하게 되었다고 한다.

이후 마카롱의 단맛이 더욱 빛을 발하면서 지금과 같은 위용으로 자리매김 하였다고 한다.

상담을 마친 뒤 디자이너에게 마카롱을 선물로 건네주며 지금과 같은 마카롱의 유래에 대해 설명해 주었고, 가정에서 주부와 엄마로서의 입지와 살롱 내에서 디자이너로서의 기여도에 대해 객관적으로 얘기해 주었다. 이후 밝아진 모습을 확인하며 상담을 마칠 수 있었다.

부부 간의 갈등은 당사자만이 알고 해결할 수 있는 민감한 사안이기에 더이상은 상담을 진행하지 않았다. 굳이 마카롱의 유래가 전해주는 의미가 아니더라도 식사 후 기분 좋은 포만감 뒤에는 단것이 당기기 마련인데 이때 단것을 후식으로 먹게 되면 세로토닌이 활성화되어 행복감이 전해지기 때문이다. 마카롱의 달콤함이 전하는 행복감과 함께 디자이너 부부의 애정 전선에도 이상이 없기를 기원한다.

"그래야 나도… 우리 회사도… 그리고 우리 가족까지 먹고 살 수 있다. ㅋ
ㅋ……."

# "It ain't over till it's over"

"It ain't over till it's over……."
끝날때까지 끝난게 아니다."

–요기베라–

요기베라가 뉴욕 메츠 감독시절 팀이 부진에 빠진 상황에서 시즌이 끝나면 어떻게 할거냐는 질문에 답한 대답이라고 한다. 최근에는 김갑수와 손예진 주연의 스릴러 영화 '공범'에서 반전 포인트가 되는 암시로 다시금 유명해진 말이다.

포기하지 말라는 여러 명언 중에서 나는 이 말을 가장 좋아한다. 그래서인지 내 강의에도 자주 등장하는 단골 레퍼토리가 되었다.

요즘 나와 밀당을 벌이는 컨설팅 클라이언트가 있다. 만난지도 오래되었고 컨설팅 계획에 대해서도 충분히 설명했는데 계약서에 도장을 찍지 않는 것이다.

"대표님의 강의력과 실력은 인정하지만 아직은 회사가 초기라 망설여집니다."

차일피일 계약을 미루던 클라이언트의 대답이었다. 예비 클라이언트는 나를 만나기 전에도 이미 다른 굴지의 컨설팅 회사와도 접촉을 하고 있었다. 하지만 난 포기하지 않았고 그렇다고 서두르거나 조급해 하지도 않았다.

다시금 처음으로 돌아가 컨설팅 계획을 찬찬히 살피며 실질적인 디자이너 성장 플랜을 보강하고 중간 관리자들을 만나 상담을 구체화하는 것으로 가닥을 잡았다. 겉으론 느긋했지만 그렇게 피 마르던 시간이 지나서 클라이언트에게 먼저 연락이 왔다.

"대표님 결정이 늦어져서 죄송합니다. 솔직히 전 대표님의 뷰티경영사관학교보다 큰 회사와 계약을 하고 싶었는데 우리 직원들이 하도 대표님 컨설팅을 원해서 대표님과 손잡기로 했습니다. 우리 계약합시다. 저희 미용실 잘 부탁드립니다."

다른 컨설팅 경쟁 업체에서 오너를 직접 설득하는 전략을 폈다면 상대적으로 인지도가 적은 나는 실제적인 업무를 담당하는 미용사들을 일일이 만나 그들의 마음을 움직이는 쪽을 택했다.

그 결과 컨설팅 계약이 성사된 것이다. 정말 끝날때까지는 아무도 결과를 예측할 수 없는 것이 사람의 일이고 사업이다. 그리고 그것이 사람을 상대하는 뷰티산업 본연의 마인드인 것이다.

이제 막 보조 바퀴를 떼고 두 발 자전거에 도전하는 우리 아들은 네 발 자전거를 탈 때보다 넘어지는 횟수가 많아졌다. 울고 다치고 겁나서 포기하려는 아들에게도 이 말에 담긴 의미와 진정성을 꼭 전해주고 싶다.

"아들!! It ain't over till it's over… 끝날때까지 끝난게 아니다. 어떤 일이든 절대로 포기하지마"

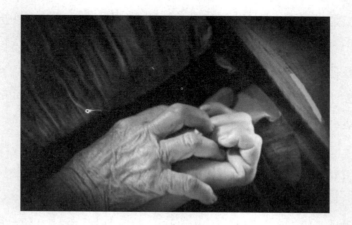

# '상생'의 또 다른 이름 '경쟁'

16C 인간 중심의 문예부흥이라는 명제 아래 당시 르네상스 문화를 꽃피웠던 이탈리아 피렌체에는 두 명의 거장이 있었다. 한 명은 사십대로 이미 이탈리아 전역에서 당대 최고의 예술가라는 명성을 얻고 있었던 레오나르도 다빈치이고, 또 다른 한 명은 이제 막 이십대로 접어든 약관의 신예 미켈란젤로였다.

젊은 혈기가 넘쳤던 미켈란젤로는 다빈치를 뛰어넘고자 왕성한 창작 활동을 하던 중 '최후의 심판'을 발표하며 이탈리아 미술계에서 주목을 받게 된다. 또한 조각 분야에도 뛰어난 재능을 발휘하게 되는데 인간의 완벽한 인체를 대리석으로 표현한 '다비드상'은 화룡정점이 되어 피렌체 사람들은 이제 다빈치의 시대는 막을 내리고 신예 미켈란젤로의 시대가 도래했다고 칭송했다.

이 시기 다빈치는 미술보다는 과학과 발명에 심취해 있었고 창작 활동에는 크게 관심이 없는 듯 살짝 매너리즘에 빠져있었다. 하지만 애송이라고만 생각했던 미켈란젤로를 사람들이 칭송하자 서서히 자극받기 시작했다.

말로만 전해지던 미켈란젤로의 '다비드상'을 눈앞에서 직접 목도한 다빈치는 그 신비함과 아름다움에 경악을 금치 못한다. 그도 그럴것이 다빈치는 미켈란젤로의 '다비드상'을 심사했던 심사위원이기도 했기 때문이다. 이후 큰 충격과 자극을 받은 다빈치는 다시금 온 힘을 다해 창작에 열을 올리게 되고, 그때 탄생한 작품이 바로 '모나리자'라고 한다. 신비한 미소를 감추며 인류 역사상 가장 위대한 미술 작품으로 손꼽히는 '모나리자'는 아이러니하게도 질투와 경쟁을 통해 탄생된 것이다.

사실 미용실을 컨설팅함에 있어서도 이른바 'MBO(Management By Object) : 목표 관리법'이라는 이름으로 직원 간 상생을 위한 경쟁을 유도한다. 직원들의 내재된 무한한 가능성을 상생을 위한 선의의 경쟁으로 풀어내려는 것이다. 한 달을 기준으로 매월 10일에 단위 서비스와 리테일 성과를 게시하고, 다른 직원들의 성과를 보며 또 다른 동기유발과 자극을 유도해 내는 것이다.

스트레스를 받기보다는 서로 간의 신선한 자극제가 되어 그렇게 살롱의 생산성이라는 성과물을 만들어가게 된다. 지금 이 순간에도 선의의 경쟁을 펼치며 상생을 위한 공존을 꿈꾸는 모든 미용인들의 건승과 성과를 기원한다.

# 색의 3원색과 빛의 3원색

누구나 한번쯤은 초등학교 미술시간에 색의 기초에 대해 공부한 적이 있을 것이다. 색상환, 색의 속성, 색의 3요소 등… 지금 생각해보면 이는 미술 시험 문제로도 출제하기가 딱 좋아 단골로 자주 등장하는 시험 문제였던 것 같다. 이중 색의 3원색에 대해 알아보자.

색의 3원색은 세 가지의 순수한 원색으로 다른 색의 혼합으로 만들 수 없는 고유의 색을 말한다. 빨강, 파랑, 노랑이 이에 속한다. 반면 빛의 3원색은 빨강, 파랑, 녹색으로 이루어져 있다. 색 자체의 고유한 원색으로만 모인 빨강, 파랑, 노랑은 서로 뭉치면 각자의 색을 잃고 탁해지게 되고 결국은 검정색으로 변하게 된다. 색 속성의 명도 자체가 낮아져 이를 감산혼합이라고도 한다. 쉽게 말해 모여 봐야 각자의 색깔만 잃을 뿐 서로의 시너지는 없다는 것이다. 하지만 빛의 3원색인 빨강, 파랑, 녹색은 뭉치게 되면 어떨까? 색의 3원색과는 반대로 흰색으로 변한다. 방송이나 콘서트에서 주로 사용되는 이 기법은 색 속성의 명도 자체를 높여 가산혼합이라고 한다.

미용실의 성공적인 컨설팅을 이끄는데 있어 직원 간의 팀웍은 그 성패를 좌지우지 할만큼 중요하다. 그럼에도 불구하고 종종 자신만의 일관된 주장과 색깔을 고집하다 낭패를 보는 경우가 많다. 역시나 감산혼합의 결과로 미용실 운영이 혼탁해지게 된다. 반면 긍정의 빛을 내는 직원의 에너지가 모이게 되면 가산혼합의 효과가 나타나 살롱의 효율성과 생산성이 극대화된다. 자신만의 색깔을 고집하며 타인이 자신을 알아주고 맞춰주기만을 기다리기보다는 자신부터 긍정의 빛을 발산하여 살롱 전체가 밝아지게 하는 현명함이 필요하다.

　　다분히 여성 비하의 요소가 짙은 속담처럼 직원 각자가 자신만의 색깔을 쫓아 "여자 셋이 모이면 접시가 깨진다."를 선택할 것인가? 아니면 직원 스스로가 빛이 되어 "백짓장도 맞들면 낫다."를 선택할 것인가? 그 선택은 오직 직원 본인의 마음가짐에 달려있다고 하겠다.

　　이 글을 읽는 분들만이라도 부디 후회없는 현명한 선택을 하기 바란다. 살롱과 개인의 상생을 위한 초석으로 스스로가 먼저 자신의 색깔을 고집하기보다는 스스로가 먼저 빛을 발산하시길 기원한다.

**역발상 생각 근육 11**

# "파리만 보고 카시스를 보지 않았다면 당신은 아무것도 보지 못한 것이다."

노벨문학상을 수상하기도 한 프랑스의 시인 '프레데리크 미스트랄'이 카시스의 아름다움을 보고 극찬한 말이다. 프랑스 제2의 도시 마르세유의 동쪽에 위치한 항구 도시이자 휴양지인 카시스는 아름다운 해변과 자연경관으로 단연 프랑스 여행의 백미로 손꼽힌다. SBS에서 매주 금요일 밤에 방영되는 예능 제왕 '정글의 법칙'을 잠시 위협하다 사라진 MBC의 동시간대 프로그램인 '7인의 식객'에서도 프랑스의 맛과 관광지를 소개하는데 있어 카시스는 빠지지 않고 등장할 만큼 매력적인 곳이다.

올해로 건국대 산업대학원 향장학과와 인연을 맺은지도 16년이 되어간다. 첫 시작은 학생 신분이었지만 지금은 과분하게도 교수가 되어 건국대학교 산업대학원 향장학과와의 소중한 인연을 계속 이어가고 있다. 향장학과라는 현장 중심의 학과 특성상 학생들과 이야기를 나누다보면 재미있고 놀라운 사실에 대해 많이 알게 된다.

학기 초 대학원 진학 이유를 묻는 질문에 학생들의 90% 이상이 대학교수가 되기 위해서라고 대답하고 또 반드시 그러기 위해서 1학기차부터 학교 도서관과 일에 파묻혀 살거라는 당찬 포부를 밝힌다. 자신의 소신과 꿈이 분명한 것은 좋은 일이지만 솔직히 이런 학생들을 접할 때면 속으로 안쓰럽다는 생각이 먼저 앞선다. 어제의 지식이 오늘이면 상식이 되는 뷰티 산업과 직종은 자유로운 사고와 창작이 우선시 되고 변화나 트렌드의 패턴이 빠른 산업인데 너무나 고루한 사고를 지니고 있지는 않은가에 대한 자조섞인 우려 때문이다.

그렇다면 과연 뷰티 산업만이 그럴까? 뷰티 전문가를 양성시키고 있는 관련 학교와 학과 역시 학생들의 니즈와 사회적 공감대, 트렌드에 맞춰 발빠르게 진화하고 있다. 사회 통합과 변화하는 시대적 욕구 충족을 위해 동일 분야의 과목들이 학부로 통합되는가 하면 학과 또한 학생들로부터 외면받지 않으려는 자구적인 생존 본능속에서 학과명과 커리큘럼이 재탄생 되기도 한다. 학생들을 지도하는 교수님들 또한 많은 지식을 아는 것에만 그치는 것이 아니라 학생들과의 소통을 통해 지식을 전달하고 나누는 과정에서의 경쟁력이 지속적으로 요구되고 있는 것이 사실이다. 따라서 교수님들의 냉정한 강의 평가는 학교가 아닌 학생이 한다.

산업 대학원의 특성상 시간에 쫓기는 직장인이기에 캠퍼스의 낭만은 자칫 학부생들만의 특권이며 대학원생에게는 사치라는 생각을 할 수도 있을 것이다. 하지만 스스로가 어떻게 생각하느냐에 따라 학교 생활의 결과도 천차만별 달라질 수 있다.

학교는 일차적으로 지식의 상아탑이 되기에 앞서 많은 것을 얻을 수 있는 또 다른 소통의 창구가 된다. 대학원 생활 5학기 동안에 동기나 선후배를 통해 쌓은 인맥은 돈으로도 살 수 없는 소중한 가치이다. 캠퍼스를 가로지르는 시원한 건국대의 일감호는 사계절에 따라 시시각각 색다른 아름다움을 연출

한다. 건국대 후문쪽에 위치한 새천년관은 자체 콘서트가 가능할 정도로 조명과 음향시설 그리고 그에 걸맞는 관람의 안락함까지 제공한다. 학생회관 쪽의 야외 음악당과 뒤로 뻗은 수풀길은 이국적인 정취와 함께 조용한 사색을 할 수 있는 산책로로 그만이다.

아직도 교수가 되겠다는 일념하에 도서관과 일에 갇혀 비전없는 전략이 전부인 양 계획하겠는가? 건국대는 상상 이상의 비전 실현이 가능하고 향장학과는 그 꿈을 보다 구체화할 수 있다.

대학원 생활 5학기 동안 "건국대의 도서관만 보고 일감호를 보지 않았다면 당신은 아무것도 보지 못한 것이다."

# 현대인의 질병 '노모포비아 증후군' 을 아시나요?

'Nomophobia'

노(no)와 모바일 폰(mobile phone)과 포비아(phobia, 공포증)의 합성어로 휴대 전화가 없으면 불안해지고 심지어 공포심까지 느끼는 증상으로 현대 문명이 낳은 또 하나의 슬픈 비극이다.

최신 휴대폰은 의사소통을 위한 단순한 무선 전화기의 기능을 넘어 DSRL과 컴퓨터의 기능이 복합된 전화기 그 이상으로 진화하였다. 서울 도심의 출퇴근길 지하철 풍경은 획일적인 모습으로 이른바 '수구리족' 일색이다. '수구리족'이란 너나 할 것 없이 자신의 스마트폰만을 바라본 채 고개를 숙인 무채색 느낌의 현대인을 지칭한다.

2010년을 기점으로 진화된 스마트폰이 등장하기 전만 해도 아직은 일본에 비해 턱없지만 간간히 지하철에서 독서하는 사람을 발견하곤 했었는데 스마트폰이 등장하고 진화한 요즘에는 독서하는 사람은 정말 찾아보기 힘들 정도다.

나의 독서량도 스마트폰을 손에 쥐게 되는 시간이 많아짐에 따라 그 시간에 비례하여 줄어든 것이 사실이다.

이것만도 서글픈 현실인데 이제는 시야에서 스마트폰이 보이지 않을 때면 괜히 식은땀이 나면서 왠지 모를 불안감이 엄습해온다. 마찬가지로 외출이나 출장 전에 중국제 충전용 보조 배터리가 없거나 충전이 되어 있지 않으면 무척 예민해지게 된다.

나 역시 노모포비아 증후군을 벗어나지 못한 이 시대를 살아가는 서글픈 필부의 전형이다.

스스로 노모포비아 증후군 여부를 확인하고 싶다면 다음 몇 가지 항목들을 체크해 보기 바란다.

1. 외출 시 스마트폰을 놓고 나가면 불안하다.
2. 스마트폰의 배터리 잔량이 얼마 남지 않지 않았는데 여분의 배터리가 없다면 초조하다.
3. 스마트폰의 벨소리가 울리지 않았는데 벨소리가 들리는 것 같거나 진동을 느낀 것 같다.
4. 아침에 눈 뜨고 저녁에 잠들기 전까지 스마트폰이 나와 함께 한다.
5. 2년을 주기로 신형 스마트폰으로 교체한다.

위 항목에서 3개 이상 적용이 된다면 당신은 이미 스마트폰에 사로잡힌 노모포비아 증후군 중증 환자이다. 현대 과학이 다양한 편익과 문명의 이기를 준 건 사실이지만 그로 인해 없던 스트레스와 질병까지도 생겨나게 된 것이다.

해마다 4월은 기독교인들에게 희비가 엇갈리는 달이다. 골고다 언덕으로 향하시면서 모진 고초를 겪으신 고난 주일과 함께 창에 찔린 옆구리와 못박힌 손의 상흔을 그대로 가지고 기적처럼 부활하신 부활절이 공존한다. 내가 다니는 교회뿐만 아니라 보통 고난 주일에는 예수님의 고통을 함께하고자 성도들의 금식이 행해지게 되고 부활절에는 계란을 삶아 나누어 먹게 되는데, 이번 고난 주일에는 아주 뜻깊은 행사가 마련되어 있었다. 바로 예수님께서 부활하신 기쁨의 부활절에 앞서 고난 주일에 어른들은 금식을, 우리 아들을 비롯한 성장기 어린이는 미디어 금식을 통해 예수님의 고통을 체험하자는 취지였다.

참 좋은 아이디어라고 생각한다. 나 못지않게 이미 스마트폰에 중독되어 있는 아들 녀석 역시 꽤나 힘들어 보였다. 사람이 살기 편하자고 만든 스마트폰에 중독되어 스스로 그것의 노예임을 자처하기보다는 이제는 식사 시간 때 만큼이라도 TV나 스마트폰은 잠시 꺼두고 가족들의 눈을 보며 담소를 나눠보는건 어떨까? 그래야 비로소 '가족'이 아닌 밥을 함께 먹는 '식구'라는 단어가 완성체를 이룰 것이다.

가정뿐만 아니라 미용인의 직장인 미용실이나 피부 관리실에서도 마찬가지다. 직원들의 식을 줄 모르는 스마트폰 사랑으로 가장 중요한 고객과의 첫 만남. 바로 MOT(Moment of Truth)를 놓치는 경우가 허다하다. 물론, 스마트폰을 미처 끄지 못하고 고객을 접한 2~3초는 짧다. 하지만 그 짧은 2~3초는 고객에게 있어 살롱의 접객 서비스와 직원의 기술력 등 전체적으로 좋지 못한 인상을 심어주기에 충분한 시간이다.

"스마트폰 안녕~ 노모포비아 증후군 안녕~"

# 마중물

## '마중물'

서울에서 나고 자란 사람에게는 생소하게 들릴지도 모르겠다. 굳이 지역의 출신을 따지지 않는다 하더라도 사십대 이전 세대가 '마중물' 자체를 알기는 쉽지 않을 것이다.

'마중물'이란 수동식 펌프에서 지하수를 끌어올리기 위해 사전에 먼저 붓는 물을 말한다. 고단한 펌프질을 하지 않아도 마중물을 붓고 수도꼭지를 틀면 아리수가 콸콸 쏟아진다. 내가 태어나고 자랐던 고향 강원도 속초 외할머니의 집터에는 마을 주민을 위한 공동 수동식 펌프장이 있었는데 그때 마중물을 처음 알게 되었다. 평소에는 말라있던 펌프였지만 한 바가지의 마중물을 붓고 열심히 펌프질을 해대면 금방 시원한 지하수가 콸콸 쏟아져 나오는 것이 어린 나이에는 마냥 신기했다.

하지만 직접 마중물을 붓고 서투른 펌프질을 해댔지만 아까운 마중물과 체

력만을 소진할 뿐 별다른 소득이 없이 끝나는 경우가 많았다. 나중에 안 사실이지만 펌프질의 공기압을 통한 마중물과 지하수 연결 간의 미묘한 요령을 터득해야 하는데 당시 일곱 살 유치원생에게는 힘도, 요령 터득도 둘 다 쉽지 않았다.

적은 양의 마중물은 마치 희생양이라도 되는 양 그렇게 자신의 희생으로 많은 물을 길어 올리는 도화선의 역할을 한다. 요즘 경영 컨설팅을 진행하는 한 미용실의 미용사를 볼 때면 어린 시절 마중물의 작은 희생이 떠오른다.

아직은 완벽한 디자이너가 아니기에 기술력도 출중하지 않고 그를 찾는 고객도 많지 않다. 그렇기에 급여 역시 많지 않다. 하지만 언제나 긍정적인 마인드와 웃음을 잃지 않는다. 또한, 어쩌다 가뭄에 콩 나듯 자신을 찾아주는 고객에게는 매장에서 접대하는 커피나 음료가 아닌 인근의 커피 전문점에서 고급 커피를 직접 사다가 고객의 취향에 맞게 전해 준다. 그의 마중물 커피를 전해 받은 고객은 열이면 열 모두 한결같이 감사함을 넘어서 얼굴 가득 감동 어린 표정이다.

그런 이유에서일까 그녀의 완벽하지 않은 시술에도 좀처럼 클레임이 없고 입소문을 타고 고객의 재방문도 꾸준히 늘고 있다. 매달 급여일이 기다려지기가 무섭게 밀린 커피 값을 정산하는 그녀를 보며 반드시 헤어 디자이너로 대성할 것이라 확신한다.

더 큰 이익과 값진 결실을 위해서는 마중물과 같은 정성과 작은 희생이 반드시 필요하다. 욕심을 버리는 것보다 노력하는게 훨씬 쉽다. 보다 큰 이상과 비전을 꿈꾸는 당신이라면 작은 것에 아까워 말고 자신만의 마중물을 준비하자.

다시 말하지만, 노력하는 것보다 욕심을 버리는 것이 훨씬 어렵다.

* 출처 : 사진 속 주인공이 바로 윗 글에 등장하는 강릉 엘미강 헤어 유서연 스타일리스트이다.

# "만수르가 미용을 몰라 다행이다."

돈 이 헤아릴 수 없이 많아 아무 근심 없을 것 같은 만수르에게도 말 못할 고민이 하나 있었다. 그것은 바로 장래나 뚜렷한 목표가 없이 하루하루를 허송세월하는 만수르의 아들이었다. 다음은 만수르의 유일한 골칫거리인 아들과의 가상 대화이다.

만수르 : 아들 넌 대체 꿈이 뭐니? 도대체 무엇을 하고 싶은거니?
아들 : 아빠 저 미용실을 하고 싶어요.
만수르 : (아들의 따귀를 때리며 버럭한다.)이 자식이! 니가 거지야?

이제는 이런 썰렁한 개그 소재도 정말 옛날이야기가 된 듯하다.
살아있는 부자의 대명사로 통하는 아랍에미레이트 출신 만수르 가문의 재산은 600조로 추산되며 만수르 개인의 재산만 해도 30조를 육박한다고 한다. 만수르의 천문학적인 돈도 돈이지만 그의 부가 장악하고 있는 경제의 규모는 가히 놀라움을 넘어서 충격과 공포에 가깝다. 평소 축구 마니아를 자처하던 만수르는 급기야 영국 프리미어리그 명문 맨체스터시티의 구단주가 되더니 맨시티 팬들만의 안락한 관람과 편의를 위해 전용 모노레일을 설치하는 통큰 팬서비스로 단연 화제의 중심에 섰다.

요즘 뷰티산업, 그중에서도 헤어미용업계에는 막강한 자본력과 마케팅을 앞세워 시장 점유율을 높이는 고급 미용실의 등장으로 그 어느 때 보다도 경쟁이 치열하다. 경기도 일산의 1,000평이 넘는 미용실은 전국 살롱 경영자들의 벤치마킹으로 문전성시를 이루고, 청담동의 모 미용실은 갤러리를 꾸며 모조가 아닌 실제 고급 명화를 전시하는 등 고객의 스타일은 물론 안구정화에도 기여하고 있다.

이제 헤어미용업계는 소자본 창업의 형태를 띤 영세살롱과 규모의 경제를 지향하는 고급살롱의 양극화 현상이 심화되고 뚜렷해졌다. 자유경제 체제하의 자본주의 사회에서 자본을 바탕으로 한 마케팅을 비판할 수는 없는 노릇이지만 그래도 일각에서는 서민경제의 붕괴와 이로 인한 또 다른 물가 상승을 우려하는 목소리가 높아지고 있다. 또한 이런 매크로(Macro)한 고급 살롱의 시술가격은 그리 높지 않아 웬만한 브랜드나 프랜차이즈 살롱마저도 경쟁자체가 아예 성립되지 않는다.

앞서 역발상 근육 키우기에서도 소개되었던 거북이의 기지와 지혜가 절실하게 필요한 시기다. 1 Store, 2 Business를 지향하여 리테일을 활성화하여야 하고, 인력이 적은 소규모 영세 업장이라고 한다면 셀프 음료대로 선회하여야 한다. 절세 방안을 연구하여 가급적 현금을 유도하고 현금 결제시 즉시 할인이 이루어져야 한다. 또한 개인의 핸드폰을 사업용 핸드폰으로 변경하여 꾸준히 절세 방법을 모색하여야 한다.

개미들의 절실함과 분주함이 사업의 성패를 좌우하는 정말 긴박한 시기가

도래하고 있다. 뷰티산업 상황이 이럴진대 아무튼

"만수르 당신이 미용을 모름이 다행이고 이에 감사한다. 앞으로도 쭈~욱
축구만 좋아하시길……."

# 1분 동안 할 수 있는 것들

이번 책을 쓰면서 막연히 미용 경영에 대해 어렵게만 생각하는 미용인들이 많은 것 같아 쉬운 미용 경영 입문을 위해 가급적 1분 동안 읽을 수 있는 단편적인 내용들을 담기 위해 노력하였다. 그러다 문득 과연 길면 길고, 짧다면 한없이 짧은 1분 동안 할 수 있는 것들이 무엇이 있을까 생각해 봤다.

말 그대로 1분이라는 시간을 통해 얻은 것은

1분 동안 내 심장은 45번을 뛰었고, 내 까페(Daum cafe:이범식의 뷰티경영사관학교)에 올라온 글에 대해 댓글을 남기고도 남는 근면의 시간이다.

오랜만에 친구들에게 안부 문자를 보낼 수 있는 반가움의 시간이고 어지럽혀진 내 서재의 책상을 말끔히 정리정돈하고 청소까지 할 수 있는 힐링의 시간이다.

세탁기에서 구겨진 빨래를 꺼내 탁탁 털어 건조대에 기분 좋게 널 수 있는 클린의 시간이다.

어느 분야를 막론하고 반복적인 일이나 일상에 대해 역발상 해볼 수 있는 창의적인 시간이다.

유독 아빠를 좋아하는 아들에게 두발자전거를 잡아주며 힘껏 밀어줄 수 있는 코칭의 시간이다.

어떤 모임에서든 노래방을 갈 때면 모임의 성격에 맞게 레퍼토리를 머릿속에서 정리할 수 있는 엔터테인먼트의 시간이다.

각각 따로따로 팔굽혀펴기 100개와 윗몸일으키기를 64회 할 수 있는 건강의 시간이다.

내 컨설팅 클라이언트의 매출과 고객 분석을 빠르게 간파할 수 있는 정확한 시간이다.

계절과 강의 컨셉에 따라 아내의 옷을 골라줄 수 있는 감각의 시간이다.

장모님의 기분에 따라 온 가족의 저녁 메뉴를 고를 수 있는 탁월한 안목의 시간이다.

학생들의 출석을 부르며 그들의 이름과 직업, 전공을 외울 수 있는 소통의 시간이다.

미용실 방문 고객에게 강한 첫 인상을 남기고, 자신의 이미지와 심지어 고객의 신뢰까지도 좌우하고도 남는 잉여의 시간이다.

미용실에서 손님 3명의 커트를 마친 후 잠시 쉴 수 있는 꿀맛같은 힐링의 시간이다.

어디서든 역발상 생각 근육을 키울 수 있는 알찬 시간이다.


하지만 아쉽고 죄송하게도…….

시골에 계신 부모님께 전화를 걸어 안부를 전할 수 있는 시간임에도 그러지 못하는 아쉬움과 참회를 남기는 시간이다.

불특정 다수의 독자가 '이범식의 1분 경영 칼럼'을 부담 없이 읽을 수 있는 시간이지만 칼럼을 쓰는데는 하루, 아니 보통 일주일 이상을 고민한다. 쉬운 뷰티 경영학을 표방하며 스스로 선택한 칼럼 쓰기가 이제는 제법 신선한 스트레스에 중독되어 계속 이어가고 있다. 누구에게나 똑같이 주어지는 1분이지만 그 시간을 어떻게 보내느냐에 따라 다른 사람에게는 또 다른 기적과 치유가 될 수 있는 값진 시간임에는 틀림이 없는 것 같다.

그렇게 나에게 주어진 1분을 소중하게 기억해야 할 것이다.

역발상 생각 근육 16

# 당나라 부대의 유래

'오합지졸' 혹은 외형적으로는 무엇인가 갖춰진 듯 있어 보이지만 실체는 없는 팀웍과 조직이 약한 집단을 가리켜 흔한 말로 '당나라 부대'라고 부른다. 군대 초급장교 후보생 훈련 시절 원기왕성한 혈기만 있을 뿐 여러 가지로 서툰 나를 포함한 우리 훈육대도 서슬퍼렇던 훈육대장님으로부터 '당나라 부대'라는 소리를 들은 적이 있다.

왜 하필 '당나라 부대'일까?

당나라는 300년이라는 비교적 짧은 역사를 지녔지만 중국의 장안, 지금의 서안을 수도로 찬란한 문화유산과 귀족주의와 같은 나름의 독특한 문화를 꽃피웠다. 또한 당나라는 당시 국제도시로도 발돋움하여 동양과 서양의 문물이 활발한 교역과 교류를 이루는 실크로드의 중심지이기도 했다. 굳이 역사 속에서의 당나라는 아닐지라도 중국의 서안은 진시황릉의 병마용갱이 발굴

되어 여전히 전 세계 수많은 관광객으로부터 사랑을 받으며 문전성시를 이룬다.

'당나라 부대'라는 다소 씁쓸한 오명에 대해서는 여러 가지 설들이 있지만 그 중에서 일본인들의 시각이 가장 설득력이 있어 보인다.

과거 섬나라인 일본은 대륙의 문화를 숭상하였고 우리나라를 통해 그 선진 문물을 도입하였다. 남의 떡이 커보인다고 대륙은 커녕 반도인 우리나라에서 대부분의 문물이 도입되던 터라 일본인들에게 당나라는 그 실체나 진위 여부를 떠나 상당한 대국임에는 틀림없었으리라. 그렇게 큰 나라에 근대화가 시도될 무렵 아편전쟁을 통해 영국과 프랑스에 잇달아 무릎을 꿇더니 청일전쟁에서는 일본에까지 패했다. 그 결과 시모노세키 조약이 체결되어 대만까지 일본에게 어이없이 넘겨주게 되었다. 그러니 자연 일본은 거대한 외형과 달리 실체가 허약한 중국 군대를 비하하여 '당나라 부대'라고 부르게 되었다.

우리나라가 이슬람을 비롯한 서양인에게 국제적으로 알려진 건 고려시대 예성강 하구의 '벽란도'를 통한 교역에서이다. 그래서 지금도 우리나라가 외국에 알려진 이름은 'KOREA(고려)'이다. 같은 맥락으로 중국을 바라보는 일본의 시각도 별반 다르지 않다. 세월은 흘렀어도 중국을 여전히 찬란한 문화의 동경 대상이던 '당나라'로 기억한다는 것이다.

뷰티분야에서 일을 하게 되면서 이런저런 협회나 단체, 모임에 가입되는 일이 많아졌다. 단체마다 차별화와 특수성을 부르짖지만 타모임과 별반 다를 바 없고 개인의 의견차를 좁히지 못해 싸우다가 조직 자체가 깨지는 일도 비일비재하다. 물론 내가 속한 단체나 학연에서도 마찬가지다. 개인의 부족한 부분을 조직을 통해 채우고 상생을 위한 공존이라는 거창한 조직적 시너지가 '당나라 부대'처럼 좌초되지 않도록 스스로가 노력하여야 하겠다.

"지금 당신의 미용실은 혹시 당나라 부대입니까?"

# 나의 최초의 팬 여운계 선생님

무덥던 더위가 걷히고 스산한 바람이 부는 가을의 초입이면 떠오르는 미용실 인턴 시절의 고객님이 한 분 계시다. 이미 한 시대를 풍미하고 작고하신 배우 여운계 선생님이다. 일반인이 연예인을 동경하거나 좋아하는 것은 자연스런 현상이지만 여운계 선생님은 그런 차원이 아닌 조금은 특별한 인연이다. 비록 그 분을 통해 학업을 배운건 아니지만 굳이 선생님이란 표현을 빌어 쓴 이유는 학업 이상의 인생의 가치를 배운 스승이요, 성품에 관한 존경 이상의 가치를 내포하고 있기 때문이다.

어머니를 통해 자연스레 미용 환경을 접했다고는 하지만 소신껏 선택한 전역 후 첫 직업이라 스스로의 자부심은 이루 말할 수 없이 컸다. 하지만 현실 세계에서의 미용은 험난하기 그지 없었고 매번 내 선택에 대한 후회만을 남기고 있었다. 지나고 보니 그 시작은 18년 전 가을의 문턱에 있었던 미용실 첫 면접에서 이미 예고 됐었던 것 같다.

첫 직장의 설렘이 더한 미용실 면접에서 대학시절 나름 열심히 준비한

TOEIC 점수와 촘촘히 써내려간 나의 이력서는 미용실에서는 아무 쓸모없는 무능한 표상의 전형을 적나라하게 보여줄 뿐이었다. 정말 황망한 순간이었다. 애써 준비한 이력서는 보지도 않고 청소부터 시키는 원장님 뒤로 이 모든 과정을 지켜보는 시선을 느낄 수 있었다.

바로 여운계 선생님이었다. TV에서와는 달리 약간은 나이가 느껴지는 훈훈한 인상으로 말없이 웃고 계셨다. 그 후로도 내가 근무하는 미용실 단골로 자주 방문하셨고 말씀은 없으셨지만 늘 나에게 샴푸를 부탁하셨다. 그 당시 나를 향해 웃어주고 찾아주는 것만으로도 큰 힘이 되어 정말 열심히 샴푸하였고 여운계 선생님의 소개로 전원주, 김미숙, 권기선 선생님들도 나를 찾아주셨다. 물론 샴푸에 한해서다.

그렇게 인자하신 여운계 선생님이 당시로서는 파격적으로 양택조 선생님과 원더우먼을 패러디 한 모라면 CF를 찍으셨다. 평소 선생님의 인격과 인품을 아는 터라 난 더 크게 웃을 수밖에 없었다.

그러던 어느 날 고객님의 염색 모발을 샴푸하던 중 고객 블라우스에 얼룩을 묻히는 사고를 쳤다. 당황한 수습에 사고는 커져만 갔다. 이후 고객님의 세탁비와 시술 비용은 얼마 안되는 내 급여에서 차감되었다. 원장님은 물론 디자이너 선생님들께도 서열대로 불려 다니며 꾸중을 들었다. 개중에는 나보다 어린 디자이너도 섞여 있었다.

여운계 선생님이 나에게 처음 말을 건넨 것이 바로 그때였다.

"밥은 먹었어요? 나는 아직인데 안 먹었으면 같이 라면 먹어요. 내가 CF 찍은 라면인데 이렇게나 많이 공짜로 주더라고……."

시간은 오후 3시를 넘기고 있었지만 한바탕 소동으로 배고픔도 잊고 있었다. 다른 것도 아닌 밥 얘기에 순간 울컥하였지만 참았다. 그렇게 어색하게 라면을 먹는 순간에도 말씀하셨다.

"사실 저 이범식 선생님 팬이에요. 지치지 말고 꾸준히 성장해서 미용업계에서 반드시 성공하시길 기대할께요. 그리고 그때는 나 모르는 척 하면 안 돼요."

* 출처 : 네이버 블로그 blog.naver.com./hongdard2/10117676986

더 이상은 눈물을 참을 자신이 없었기에 입에 라면을 문 채로 울고 말았다. 어디서든 보이지 않는 곳에서도 한결같은 믿음과 성원을 보내주는 사람은 있는 것 같다. 그것이 부모님이나 아니면 지금처럼 전혀 생소한 인연에서조차도……

따라서 세상을 불평하기보다는 묵묵히 자신의 일을 사랑하고 열심히 한다면 좋은 결실을 맺을 수 있다고 생각한다. 그 누군가도 아니라면 본인이라도 열심히 갈구하고 노력해야 한다. 그러면 그 보답은 반드시 얻을 수 있을 것이다. 그것도 아주 빠른 시간 내에…….

미용실을 그만두고 실제로 여운계 선생님을 뵌 적은 한 번도 없었지만 이제는 그나마 TV에서조차도 볼 수 없게 되었다. 하늘에 계신 나의 최초의 팬 여운계 선생님께 말씀드리고 싶다.

"나를 알아주고 인정해 준 선생님과 같은 따뜻한 분이 계시기에 인생은 살아볼 가치가 있는 것이고 그렇기에 나의 성공은 지금까지도 순항중이라고… 여운계 선생님 감사드리고 사랑합니다."

역발상 생각 근육 **18**

# 바둑에게 미용 경영을 묻다

93 학번으로 아날로그와 디지털이 교차되는 시대를 살아왔던 나는 실제로 컴퓨터나 모바일을 다루기에 부족하지는 않으나 요즘 유행한다는 컴퓨터나 모바일 게임을 즐겨하지는 않는다.

굳이 꼽으라면 대학시절 추억이 깃든 '테트리스'와 '바둑'이 전부이다. 젊은 세대에게는 테트리스라는 말조차도 생소하니 흔한 말로 나만 부정할 뿐 이 시대의 꼰대가 되었다.

동네 오락실이 사라진 요즘이기에 '테트리스'는 손 놓은지 이미 오래고 이 제는 정말 '바둑'만 남았다. 개인적으로 바둑을 정말 사랑하고 바둑을 두면 둘 수록 게임 이상의 숭고한 정신세계에 나도 모르게 빠져들게 된다. 2014년만 해도 '신의한수', '스톤'과 같은 바둑을 소재로 한 영화가 두 편이나 개봉했을 정도다. 또한 바둑은 단순한 게임을 떠나 아시안게임에 정식 종목으로 채택 된 스포츠로도 분류된다. 아쉽게도 북경 아시안 게임을 끝으로 정식 정목 채 택에는 실패했지만 이후에도 바둑 관계자들의 노력은 지금까지도 꾸준히 진행되고 있다.

바둑의 인기에 비해 바둑의 역사나 기원에 대해서는 정확한 자료를 찾기 어렵다.

가장 많이 회자되는 내용으로 중국의 요, 순 임금이 그들의 우매한 아들 '단주'와 '상균'의 어리석음을 깨치기 위함이라는 '요순 창시설'이 거의 정설로 대세론을 이룬다. 하지만 이를 뒷받침할 만한 역사적 근거나 자료는 충분치 않다.

19개의 가로줄과 세로줄로 이루어진 이 좁은 바둑판 안에는 확률적으로 헤아리기 힘든 무수한 변수와 행마가 많아 단 한 번도 똑같이 진행된 대국이 없다고 한다.

실제로도 인간과 컴퓨터의 대결에서 동양의 장기나 서양의 체스는 컴퓨터가 이기는 사례가 많지만 바둑만큼은 아직까지도 인간을 이기는 컴퓨터는 없다고 한다.

이 말을 뒤집은 것인가? 2016년 진화된 구글의 알파고는 이세돌 9단에게 4:1이라는 충격적인 패배를 안겨줬지만, 이세돌 9단의 인터뷰 내용을 빌자면 그것은 이세돌이 진 것이지 인간이 진 것은 아니다.

그래서일까? 바둑을 인생에 비유하는가 하면 종종 사람의 됨됨이를 알아보는 척도로 사용되기도 한다. 바둑 용어 중에는 '육궁도화', '오궁도화'란 말이 있다. 외형적으로는 각각 여섯 집과 다섯 집으로 화려하게 살아있는 형태로 보이지만 사실 단 한 수의 치중이면 전체가 다 죽은 돌이 되고 마는 '사상누각'과도 같은 집이다.

사실 경영 컨설팅을 하다 보면 이런 경우의 문제점이 예견되는 미용실과 피부관리실을 많이 보게 된다. 외적으로는 매출도 높고 기반이 탄탄한 것처럼 보이지만 안으로는 고액의 선불권만으로 매출 구조가 형성되어 있거나 고객의 수는 적은데 객단가가 상대적으로 높은 경우도 많다.

1층 상권의 경우 신규의 유입은 많으나 재방문율로 이어지지 않고 직원 간 화학시술 순번을 놓고 보이지 않게 신경전을 펼치는 등 단 한 수의 치중으로 언제 기울지 모르는 '육궁도화'나 '오궁도화' 같은 바람 앞에 속수무책으로 놓인 촛불과도 같은 상황이다.

하지만 단 한수의 치중으로 사활의 갈림길에 놓인 '육궁도화'나 '오궁도화'를 회생시키는 방법 역시 상대편보다 빠른 한 수의 보완이다. "죽은 사람은 살려도 죽은 미용실은 살리지 못한다."는 미용업계에 떠도는 웃지 못할 말이 있다. 안일한 생각으로 궁지에 몰린 '패착'보다는 사전에 미리 살피는 한발 앞선 '신의 한수'가 지금과 같은 장기적인 불황의 새로운 돌파구가 될 수 있다.

"한발 앞선 보완으로 전체의 대마가 잡히는 미용실의 불행을 초래하지 않도록 하자."

# "매니저!! 눈치가 빠르면 절에 가서도 젓국을 얻어 먹는다."

매출이 높거나 성공한 살롱에서 비교적 공통적으로 발견되는 점이 바로 매니저가 있다는 것이고, 그 매니저는 매니저 본연의 역할에 충실하다는 것이다.

이제 뷰티 살롱에서의 매니저는 단순히 고객의 접객과 정산(Cashier)의 개념을 넘어 매장을 대표하는 이미지로 중간 관리자로서의 위상이 한층 강화되었다. 하지만 이처럼 자신의 위치와 역할을 인지하고 직업적인 사명감을 갖고 있는 프로 매니저가 얼마나 될까?

사실 요즘 컨설팅 사업을 하면서 가장 아쉬운 부분이 바로 살롱의 중간 관리자인 매니저의 역할이다. 자신의 역할에 대해 잘 알지 못할 경우 인포메이션을 비워둔 채 디자이너의 시술을 보조하게 된다. 처음엔 단순한 호의로 시작된 도움의 손길이 나중에는 디자이너의 당연한 권리가 되어 도와주지 않을 땐 짜증을 내게 된다.

반대로 손님이 붐벼도 인포메이션석에만 앉아 매장용 컴퓨터나 자신의 스마트폰만을 무료하게 쳐다보기도 한다. 7성급 호텔 카운터에 의자가 있는 경우를 본 적이 있는가? 호텔에서는 한발 앞선 MOT(Moment of truth)를 위해 카운터 매니저들은 스스로의 고단함을 감수한다.

이러지도 저러지도 못 하는데 그럼 나더러 어떻게 하느냐구?

"매니저!! 눈치가 빠르면 절에 가서도 젓국을 얻어 먹는다."

먼저 매니저의 임무에 대해 한 마디로 정의를 내리겠다. 매니저란? 쉽게 말해 '디자이너의 시간을 벌어주는 사람'이라고 생각하면 이해가 빠르다. 다소 투박하게 들릴지는 몰라도 미용에 있어서는 정설이다. 반드시 이를 명심하고 머릿속에 각인시켜야 한다.

이제는 매니저가 살롱의 성패를 좌지우지하는 중요한 직책임을 스스로가 먼저 인지하여야 한다. 카운터나 대기석에 고객이 몰릴 경우 디자이너의 마음은 다급하고 고객 역시 기다릴까 말까를 망설이게 된다. 당신이 유능한 매니저라면 밝은 표정으로 이런 마음을 어루만질 수 있어야 한다.

디자이너는 자신의 기술 향상을 위해 무한 반복 연습을 되풀이한다. 이제는 매니저 스스로도 자신의 얼굴 표정까지 온화하게 바꿀 수 있는 연습과 노력이 필요하다는 것이다. 얼굴의 미소는 42가지의 근육이 움직여 만들어 지는 것이므로 반복과 꾸준한 연습으로 미소 근육을 생성시킬 수 있다.

만약 당신이 매니저가 아니고 승무원이라면 위의 얘기는 불필요하다. 승무원은 이를 위해 매일 거울을 보며 꾸준히 미소를 만들기 때문이다. 누가 하라고 해서가 아니라 그것이 직업이고 그것이 프로 근성이기 때문이다.

고단한 매니저들이 이 칼럼을 읽고 화를 낼지도 모르겠다. 하지만 유능한 매니저를 꿈꾸는 당신이라면 우아한 투피스와 단정하게 빗어넘긴 쪽진 머리로 무의미하게 카운터만을 지킬 것이 아니라 한발 앞선 남다른 생각으로 자신의 위치와 직업에 대한 노력과 연습을 해야 한다.

알고는 있는가? 현대의 뷰티 살롱은 매니저와 같은 중간 관리자에게서 성패가 나는 시대가 되었고 살롱에서 당신은 그만큼 소중하고 귀한 사람이라는 것을…

아울러, 한 가지 더 기억해야 할 것은 매니저란 직업은 뷰티 산업에 있어 지속적으로 필요한 중요 인력이고, 직업군에 있어서도 경쟁력이 충분히 확보된 직업이라는 사실이다.

# 아들에게 배우는 '참을 수 없는 고정 관념의 가벼움'

20 15년 유년기를 이제 두어 달 남짓 남긴 7살 우리 아들은 요즘 그림 그리기에 꽂혀 있다. 자신은 물론 매번 아빠에게도 그림을 그려달라며 졸라대는 통에 곤욕스런 졸작을 거의 매일 그려내고 있다.

그러던 어느날 아들은 아빠와 함께 우리집을 각자 그려보자고 제안했다. 그렇게 아들과 동시에 우리집을 그리기 시작했다. 선뜻 스케치북에 옮길 수 없었던 나는 어떻게 그려야 하나 한참을 고심하다 밑작업으로 의미없는 뼈대부터 그리기 시작했다.

반면에 아들은 밑작업이고 뭐고 할것 없이 거침없이 색칠 작업까지 하며 그려나가고 있었다. 완성된 그림을 놓고 비교하자니 어이없는 실소가 나왔고 나의 편협한 고정 관념에 대해 반성하게 되었다.

"아빠 우리집은 아파트고 굴뚝도 없어요."라며 아들은 한참을 웃었다.

순식간에 나도 모를 부끄러움이 밀려와 귀까지 빨개졌다. 아들은 나보다도 훨씬 빨리 그림을 완성하였고 아들의 그림은 10층 아파트에서 세 가족이 옹기종기 모여있는 모습의 지극히 현실적인 생활화였다. 그러나 내 그림은 실제로 있지도 않은 굴뚝에 성당 창문이 두 개나 그려진 어린 시절 고정관념이 그대로 반영된 상상화가 되어 있었다.

시간이 흐르고 어른이 되어 시행착오란 이름으로 이것저것을 경험하게 되면서 나도 모르는 사이에 고정관념을 갖게 되었다. 또한 심사숙고란 미명 아래 언제나 늦은 결정과 주저함은 우유부단이라는 또 다른 폐해를 낳는다는 사실을 아들과 그림을 그리면서 깨닫게 되었다.

잘 포장된 세련미와 노련미는 다소 투박할지는 몰라도 순수함과 진정성 앞에서는 언제나 무력해지기 마련이다. 편협한 고정관념에 사로잡혀 존재하지도 않는 굴뚝과 창문을 그리느니 언제나 현장 중심과 고객이 중심이 되는 마케팅으로 현실과 성과지향적인 경영 컨설턴트가 되겠다고 재다짐한다.

"고맙다. 아들!! 아빠가 아들에게 한 수 배운 기념으로 마이쮸 쏠게. 사랑해요."

# 뜨거운 커피를 빨대로 먹는 사람들

**결**론부터 말하자면 뜨거운 커피를 빨대로 먹는 사람들은 자기 관리에 철저한 프로들이다.

커피 또는 커피차는 커피나무의 씨를 볶아 가루로 낸 것을 따뜻한 물이나 증기로 우려내어 마시는 쓴맛과 신맛 때론 단맛이 나는 현대인의 대표 기호 음료이다.

커피의 핵심 원료인 커피콩은 주로 적도지방, 라틴아메리카, 동남아시아 그리고 아프리카의 70여 개국 정도에서 거의 한정적으로 재배되는 커피나무에서만 얻을 수 있다.

또한 커피는 전 세계인이 가장 즐겨 마시는 기호 음료로 연간 6천억 잔이 소비된다고 한다.

우리나라에서는 가비차라 하여 최초로 커피를 마신 사람은 아관파천때 러시아 공관으로 피신한 고종이라고 한다. 이후에도 덕수궁 내에 정관헌을 지어 신하들과 가비차를 즐겨 마셨다고 한다.

또한 커피 한 잔에는 40~180mg의 카페인이 함유되어 있다고 한다. 카페인은 중추신경을 자극시켜 잠을 쫓으며 뇌속의 도파민 농도를 증가시킨다고 한다.

커피의 효능에 대한 연구는 지금까지도 활발히 진행중인데 집중력 향상, 다이어트, 심혈관 질병 예방 등에 도움이 된다고 한다. 미국 하버드 대학 보건 대학원 연구팀이 여성 67,000명과 남성 50,000명을 대상으로 20여년에 걸쳐 실시한 조사분석 결과 하루에 커피 4~6잔을 마시면 자궁 내막암과 전립선암 위험을 줄일 수 있다고 했다. 이렇듯 커피에는 다양한 재배 환경과 역사, 스토리텔링 그리고 종류와 효능이 있다.

커피의 효능과 기호를 떠나 나 역시 미팅을 한다던가, 대인관계속에서 아니면 습관적으로라도 하루에 석 잔 이상의 커피를 마시는 것 같다. 이런 이론적인 것들을 모른다 할지라도 뜨거운 커피를 빨대로 마시는 일은 결코 쉽지 않다. 그닥 커피를 즐기지 않는 나로서는 의아해서 물은 적이 있다.

"왜 뜨거운 커피를 굳이 빨대로 드시나요?"

"커피를 빨대로 마시지 않으면 치아가 변색되어 상담이나 대인관계 시 자칫 불쾌감을 줄 수 있기 때문입니다."
"……."

주변에 뜨거운 커피를 빨대로 먹는 사람들이 있다면 그들은 작은 것에도 세심한 신경을 쓰는 진정한 프로이거나 아니면 무서운 사업가임에 틀림이 없다.

"뜨거운 커피를 빨대로 마시는 이주양 원장님, 짧은 시 간의 미팅이었지만 정말 중요한 사실을 배우게 되었습니다. 당신들을 진정한 프로이자 저보다 한 수 위의 사업가로 임명합니다."

# 엘리베이터의 닫힘 버튼을 누른다고
# 전기료가 올라가는 것은 아니다

얼마 전 아파트 부녀회에서 에너지 절약과 관리비 절감 차원에서 엘리베이터 닫힘 버튼을 누르지 말자는 안내 방송이 나왔다. 영화배우 김부선씨의 난방비 비리 척결(?)의 영향인지 아무튼 우리 아파트에서도 부녀회와 주민 단체를 중심으로 관리비 원가절감 운동이 활발히 진행중이다. 주민의 한 사람으로서 핵심 역할까지는 아니더라도 어쨌든 적극 협조하려는 입장이고 환영하는 바이다.

그런데 한 가지 의문점이 생겼다. 정말 엘리베이터 내부의 닫힘 버튼을 인위적으로 누르지 않으면 전기료가 절감될까? 결론적으로 얘기하자면 그렇지 않다.

엘리베이터 회사 관계자의 말을 빌리면 닫힘 버튼을 인위적으로 눌러 엘리베이터 문을 닫는 것은 전기료 발생에 크게 영향을 미치지 않는다고 한다. 다만 타인과 동승하게 되면 한 번만 운행할 것을 인위적으로 닫힘 버튼을 눌러 다른 사람을 태우지 못해 두세 번 운행하기 때문에 이로 인해 전력이 낭

비된다는 것이다.

이렇듯 문제의 본질은 다른 곳에 있는데 하나의 현상만을 바라보는 편협한 시각은 살롱의 경영상에서도 비일비재하게 나타난다.

미용실의 일일 매출을 시간대별로 분류해보면 오후 6시 이후가 가장 많다. 이로 인해 하절기에는 교대 근무제로 편성해 근무 시간을 이원화하기도 한다. 하지만 아무리 근무 편성이 이원화되었다고 해도 근무자의 근무 태도가 성실하지 못하다면 실질적인 매출 증가로 이어질 수 없다.

먼저 100% 인센티브 급여체계가 선행되어야 한다. 그래야만 동기부여가되어 보다 적극적으로 고객을 맞이하는 자세가 확립될 수 있다. 매출에 상관없이 기본급이 책정된 나름 안정적 베이스의 교대근무 제도는 리스크와 효율성 없이 미용실의 고정비용만 증가시킬 뿐 효과적인 측면에서는 생산성을 크게 기대할 수 없다.

넓게는 에너지 절감이라는 애국의 개념까지 확대하여 엘리베이터의 닫힘버튼을 누르지 않을 것이 아니라 문제의 본질을 정확히 집어내는 실질적인운영 능력이 장기적인 Recession의 늪에서 탈출하는 생존 전략이라 하겠다.

임진왜란때 배수의 진을 치며 왜군과의 사투를 벌인 신립 장군의 결연함이 본질적인 절실함으로 선결되어야 할 과제인 것이다.

그렇다고 부녀회의 원가절감 운동에 찬물을 끼얹으려는건 아니다. 주민의 한 사람으로서 열심히 동참하고자 한다.

"수내동 양지마을 부녀회 여러분의 관리비원가절감 운동을 적극 지지합니다. 화이팅!!"

# 우리나라가 노벨문학상을 한번도 받지 못한 이유?

김대중 대통령의 노벨 평화상을 제외하면 아쉽게도 우리나라에서는 다른 분야의 노벨상 수상자가 단 한 명도 없다. 특히나 노벨문학 상은 우리나라 작가들의 역량을 고려해 볼 때 더욱 아쉬움이 많이 남는 분야 이다.

바다 건너 일본은 노벨문학상뿐만 아니라 이미 다양한 과학 분야에서 22 명의 노벨 수상자를 배출했다. 단순히 배가 아픈 부러움을 넘어서 시기심마 저 든다.

그나마 한국에선 고은 시인이 매번 유력한 후보자로 거론되나 번번히 노 벨문학상 문턱에서 고배를 마신다. 고은 시인 외에도 주옥같은 국내 문학 작 품이나 작가들이 이렇듯 세계 시장에서 홀대를 받을 때면 솔직히 그들의 문 학적 평가와 잣대를 의심하곤 한다.

다소 어폐가 있긴 하지만 사실 개인적으로 시는 많이 읽지도 않았고 그리 좋아하는 편이 아니다. 그나마도 짧은 지식을 동원해 좋아하는 시를 고른다면 조지훈님의 '승무'가 고작이다.

얇은 사 하이얀 고깔은
고이 접어서 나빌레라…

(중략)

첫 소절만 읽어도 스님의 거룩한 승무가 연상되고 나아가 옆에 커다란 모닥불이 펼쳐져 있을 것 같은 심상이 그려진다.

왜일까?

왜 이런 주옥같은 글들을 아마추어인 나도 아는데 소위 전문가라고 하는 세계적인 평론가들은 왜 몰라줄까?

나름의 분석을 해본 결과 그것은 한글의 우수성과 언어유희에 있는 것 같다. 국어사전에도 나오지 않는 승무의 '나빌레라'는 도대체 무슨 뜻일까? '나빌레라'를 의역하면 '나비와 같다.'는 뜻이 된다. 노벨문학상의 잣대에서는 'like butterfly'로 표현할 수 밖에 없다. 이미 '나빌레라'의 시적 언어와 작가적 심상은 사라진지 오래다. 한글의 언어적 우수성을 1차원적 표음문자인 영어가 따라올 수 없는 형국이다.

다소 억지스럽다 해도 이렇게라도 자구적인 해석을 하고 나니 속이라도 후련하다. 하지만 이솝우화에 등장하는 '여우와 포도'처럼 결국에는 따먹지 못한 포도는 실거라는 자조적인 위안보다는 이제는 번역 역시 또 하나의 중요한 문학 장르임을 명심하고 국내의 걸출한 문학작품을 세계인의 입맛에 맞게 각색하는 재창조의 열정 또한 필요한 때인 것만은 틀림없다.

일본은 이미 번역이라는 문학적 장르가 30년 넘게 자리잡아 시오노 나나

미라고 하는 일본인 로마역사가를 탄생시켰다. 안과 밖의 완벽한 공조이자 호흡인 것이다.

　굳이 거창한 문학적 창조와 번역이라는 재창조의 호응은 아니더라도 이제는 뷰티산업에서도 기술의 바탕을 이룬 엔지니어들과 경영적 사고가 중심이 된 중간 관리자의 호응의 이뤄진다면 살롱의 효율성과 생산성은 저절로 높아질 수 밖에 없을 것이다.

　"명심하자!! 따먹지 못한 포도의 맛은 아직 아무도 모른다."

# 니들이 산양을 알어?

해마다 반복되는 연말이면 식상하리만치 가장 많이 반복되는 말이 무엇일까? 아마도 이맘때 가장 많이 회자되어 떠도는 단어가 '다사다난'이 아닐까 싶다.

하지만 2014년은 정말 다사다난이라는 말이 무색할 정도로 사건사고를 비롯한 많은 일들이 있었다. 연초 경주 마우나 리조트를 필두로 세월호 참사, 6.4 지방선거, 브라질 월드컵에서의 예선전 수모, 비스포츠인인 이영애의 반전이 돋보인 인천 아시안게임에서의 성화 점화 그리고 마왕 신해철의 아이러니한 죽음까지…. 2014년은 정말 말띠 해의 기운을 받아서일까 들쭉날쭉한 크고 작은 일들이 곳곳에서 많이 일어났다.

그렇다면 띠의 성격대로만 봤을 때 2015년 을미년 양띠 해는 괜찮을까? 흔히들 양은 그 생김이나 성격이 온순하고 사람과의 친화력이 높은 비저항의 동물로 알고 있다. 바람이 있다면 띠의 풀이대로 2015년에는 내 주변을 비롯해 모두에게 양처럼 거북하지 않은 좋은 일들만 가득했으면 좋겠다.

하지만 우리가 보편타당하게 알고 있는 이러한 양의 성격은 사실 우리속에 갇힌 양을 말한다. 실제로 길들여지지 않은 야생 산양은 한 번의 실족으로도 떨어져 죽을 수 있는 천길 낭떠러지도 마다않고 풀을 뜯기 위해 산 정상을 기어 오르는가 하면 원하는 짝을 쟁취하기 위해 죽음도 불사하는 박치기 싸움을 벌일만큼 진취적이다.

외부적인 스트레스나 리스크 없는 편안함은 다소 안정적일 수는 있으나 발전 없는 안락함만을 탐닉하지 않았는지 스스로 2014년을 반성해 본다.

74년생, 범띠, 사자자리 그리고 AB형…

이것이 나 이범식이란 사람이고 솔직히 이런 이범식을 자부하고 사랑했다.

밝아오는 2015년에도 우리에 갇힌 양으로 수동적인 삶을 살기보다는 보다 적극적이고 진취적인 산양의 삶을 살기를 기도한다.

기분이다. 67년생, 79년생, 91년생, 2003년생 양띠 고객님들만 2015년 1월 31일까지 전품목 40% 할인…

위 마케팅은 미용실에서 실제로 성공한 마케팅으로 신규 고객이 동반 고객으로 이어지는 성과를 냈다.

현대자동차에서도 연초에 띠 할인 마케팅을 활발히 전개하여 고객에게 좋은 반응을 얻었다. 새로운 기대감이 형성되는 연초 띠 고객 할인 마케팅을 전개하여 활발히 신규 고객 창출을 해보자.

"띠가 지난 고객이 아쉬워하며 문의하는 경우도 많으니 매정하게 딱잘라 거절하지 말고, 살롱 자체 내에서 탄력적으로 운영해 보시길 바란다. 새해 복 많이 받으세요!!"

# 체 게바라의 시계 로렉스

쿠바의 혁명 영웅 체 게바라의 시계 로렉스.

체 게바라의 혁명적 이미지와 로렉스의 럭셔리한 이미지가 어쩐지 상반된 듯 하면서도 왠지 좋은 케미를 이룬다. 체 게바라가 로렉스 시계를 착용했다는 것은 이미 널리 알려진 얘기다. 인터넷상에서도 '체 게바라'와 '로렉스'가 연관 검색어로 뜰 뿐만 아니라 함께 검색하는 것만으로도 수십 장의 사진을 확인할 수 있다.

많은 사람이 '체 게바라의 시계'하면 로렉스의 서브 마리너를 떠올리지만 이는 사실이 아니다. 아마도 서브 마리너가 로렉스를 대표하는 시계이기 때문에 그리고 흐릿한 사진만으로는 정확한 모델을 판별해 낼 수 없었기 때문에 생긴 오해인 듯하다.

한 자료에 따르면 실제로 그가 마지막 순간에 착용한 시계는 'GMT 마스터'였다고 한다. 물론, 체 게바라가 로렉스 시계를 한 개 이상 지니고 있었을 가능성도 배제할 수는 없다. 하지만, 아직까지 체 게바라의 시계라고 확실히 말할 수 있는 것은 GMT 마스터 하나뿐인 셈이다.

그런데, 한 가지 궁금한 건 왜 하필 로렉스였을까? 자본주의를 거부한 체 게바라도 좋은 시계 앞에서는 굴복할 수밖에 없었던 것일까?

이것은 쿼츠 워치가 생산되기 이전의 얘기이고 그 당시만 해도 로렉스가 지금처럼 럭셔리 워치의 상징이 아니었다는 사실을 유념한다면 좀 더 이해가 쉬울 것이다.

크고 작은 분쟁과 전투 속에서 그는 다른 사람들보다 훨씬 더 견고한 시계 가 필요했을 것이 분명하다. 당시 로렉스는 값비싼 지금의 명품과는 약간 거 리가 있는 최초의 방수시계이자 배터리가 필요 없는 튼튼하고 정확한 무브먼 트가 상징이었다. 그러니 당시 체 게바라가 선택할 수 있는 가장 합리적이고 효율적인 시계가 로렉스였다는 주장이 가장 설득력이 있어 보인다.

과분하지만 지금 내 왼쪽 손목에도 체 게바라와 똑같은 로렉스 서브마리 너가 채워져 있다. 자유를 염원했던 쿠바의 영웅 체 게바라와 같은 견고함이 목적이 아닌 사치와 패션의 완성이다. 여자들이 가방에 주목하듯 남자들은 자연스레 시계에 눈을 돌리게 된다.

미용실에서의 남성 고객들은 전체 고객수의 50%를 선회하며, 여성 고객에 비해 회전율도 빠르다. 하지만 여성 고객에 비해 객단가가 낮다고 하여 흔히 들 디자이너 사이에서 홀대 받기도 한다.

하지만 노무족(No more uncle), 로엘족(Life of Open-mind, Entertainment and Luxury) 등 점차 자신의 패션과 스타일에 신경쓰고 있는 남성 고객이 증가하고, 이들 은 단순한 커트 외에도 두피 크리닉이나 전문 모발 크리닉에도 관심이 높다.

객단가 높은 남성 고객들을 꾸준히 유치하고 싶은가? 그렇다면 남성 고객 들의 구두와 벨트, 안경테, 수트 그리고 마지막으로 중요한 그들의 시계를 주 의깊게 관찰해라. 여성 고객보다 클레임이 상대적으로 적고 객단가가 높은 충성 알파 고객을 만들 수 있을 것이다.

미용사와 같은 영역도 아니고 체 게바라와 같은 영원한 자유를 구가하진 못했어도 왼쪽 손목에 채워진 로렉스 덕분에 최근 컨설팅 계약은 많이 한 것 같다.

"사랑해요 로렉스… 그리고 앞으로도 종종 도와줘라…….."

**역발상 생각 근육 26**

# '토토가(토요일 토요일은 가수대)'의 돌풍 그리고 향수

공중파 방송 3사 예능 중에서도 인지도면에서나 시청률이 가장 높은 MBC '무한도전'에서 2014년에 선보인 일명 '토토가'(토요일 토요일은 가수대)가 화제다. 시청률 22%를 넘기며 동시간대 예능 1위의 '무한도전' 자체 시청률까지 경신하는 놀라운 이변을 연출했다. 이른바 90년대를 화려하게 수놓았던 TOP 가수들의 향연이었고 그들과 동시대를 비슷한 세대로 살아간 나같은 X세대에게는 추억과 감동을 선물하기에 충분했다.

한류의 거센 후폭풍과 함께 아이돌이 주류를 이룬 현 음반 시장에서 그들의 입지는 상대적으로 좁아져 관객을 만날 무대조차 없어진 것이 사실이다. 그렇기에 관객뿐만 아니라 '토토가'를 준비하는 가수들 역시 남다른 감회를 느낄 수 있었다.

먼저 '까만 콩' 이본의 진행 자체가 반가웠다. 터보의 원년 멤버 김정남은 콘서트 무대가 아닌 나이트 밤무대에서 김종국의 보컬까지 소화하며 자신만의 초라한 터보의 명맥을 이었고 한 번의 이혼과 또 한 번의 결별을 경험한

소찬휘는 그녀의 남다른 고된 인생사를 한방에 날려 보내듯 속시원한 메가톤급 가창력과 고음을 선물했다.

원조 삼촌 팬덤의 위업을 이루며 요정으로 불리던 S.E.S의 슈는 세 아이의 푸근한 엄마가 되어 돌아왔다. 90년대는 A yo!! 를 외쳤지만 지금은 사회 사업가로 더 많이 알려진 션은 오랜만에 힙합 전도사 지누션으로 부활했다. 지금도 생활고에 시달리며 이혼과 사고로 아내를 잃은 쿨의 김성수는 딸을 향해 몇 소절 되지 않는 자신의 피처링을 혼신을 다해 완성했다.

원조 섹시디바 엄정화는 노출 이상의 관능과 절제미로 여전히 건재함을 알렸고 얼굴 없는 가수 조성모는 여전한 가창력과 매실(?)급 동안 외모, 몸매를 유지했다. 내 대학 동창 혜선이의 친동생이기도 한 정현이는 역시나 남다른 무대 퍼포먼스를 준비했다.

음원 시장의 확대로 더이상 가수들의 앨범을 사지 않는 요즘과는 달리 천만 장의 앨범 판매량으로 한국 기네스북에도 오른 김건모의 피날레 무대에서는 모든 가수들이 나와 관객과 시청자와 하나가 되었다.

이날 '토토가'는 단순히 관객과 시청자에게 웃음과 감동 그리고 추억만을 선물한 것은 아니었다. 그날 방송된 가수들의 음원은 다운로드 TOP 10에 대거 진입하며 재주목받았다. 또한 다시금 새로운 음원 수익을 창출하며 경제적인 효과면에서도 성공을 거뒀다.

'트렌드 코리아 2014'에도 소개되었던 '키덜트(kids+adult : 어른 아이)' 공략의 성공이다. 불황기 속 새로운 소비 계층으로 급부상하고 있는 어른 아이 '키덜트'는 '로열댄디'라고도 불리면서 소비를 주도하고 있다. 경제적으로도 어느 정도 중산층 우위에 있는 로열댄디는 일반인 몸짱, 스니커즈, 통이 좁은 바지와 슬림 핏 수트 등을 선호하며 더 이상 아저씨 아닌 아저씨로 살아가고 싶어 한다.

나 역시 지금은 남편과 아빠로 살아가고 있기에 상당 부분을 가족에게 양보하고 배려한다지만 패션만큼은 나이와 타협하고 싶지 않다. 나에게도 나만의 리즈 시절과 전성기가 없었던 것은 아니기 때문이다. 잘났건 못났건 내 자신의 역사에서 주인공은 나이고 분주한 일상속에서 잠시 잊고 있던 나 자신을 잠시동안이었지만 새롭게 발견하게 되었다.

전달은 안될지라도 '토토가'를 선물한 기획자 박명수, 정준하님에게 감사한다.

"어느덧 40대 초반이 되어 있는 93학번이여 기억하라!!

왜곡되고 굴곡진 역사의식의 바로 세움보다는 다소 의식없는 자유분방함이 곧 가장 창의적이었던 우리들이 가진 진짜 무서운 무기였음을……."

* 출처 : 네이버 블로그 중 wndhkd01.blog.me/220233265635

# 미장원에서

토가의 감동을 이어 나가수 시즌3가 시작되었다. 한 분야의 거장들의 무대는 감동을 넘어 아름답기까지하다. 개인적으로 MC겸 초대 명예 졸업생이기도 한 박정현의 '미장원에서'가 눈길을 끌었다. 이게 뭐라고 숨까지 죽여가며 그녀의 첫 무대를 지켜보았다. 박정현의 애절한 보이스와 015B 정석원의 감성적 가사가 어우러져 역시나 명불허전임을 증명했다.

개인적으로도 무척이나 좋아하는 90년대를 풍미했던 015B의 '미장원에서'는 작품성에 비해 그리 히트친 곡은 아니지만 현실적인 가사와 애잔한 멜로디로 20년 세월이 지난 지금 편곡 없이 다시 들어도 손색없는 명곡이다.

미장원에서 머리를 자르며 연인과의 이별의 아픔을 잊는다는 왠지 상투적인 시놉시스지만 누구나 격하게 공감할 수 있다. 머리를 자르는 것은 자신을 추스리는 신변정리 외에도 또 다른 출발을 예고하는 시작점이기도 한 것이다.

그렇게 미용실 아니, 미장원은 고객에게 단순한 스타일을 넘어선 치유의 공간이자 도약의 장소이기도 한 것이다. 각종 마케팅이란 이름으로 인간미

없는 상술이 판치는 요즘의 뷰티 살롱에서는 사실상 '미장원에서'와 같은 감성은 찾아보기 힘든 것이 되었다. 그렇기에 미장원이란 구시대적 단어가 향수어린 정감마저 불러 일으킨다. 시대적 트렌드에 따라 불려지는 이름은 달라졌을지라도 미용실내에서의 고객정서에는 변함이 없는 것 같다.

"변화는 있으되 변함은 없다."

요즘 내 강의에 종종 등장하는 말이다. 고객이 방문하자마자 가운을 입히고 선불권을 얘기하기보다는 가벼운 계절인사와 과하지 않은 고객과의 스킨십이 새로운 무기가 될 수도 있다. 지난 20년 전으로 거슬러 올라가보자. 겨울철 미용실에서 서비스로 제공했던 핸드 마시지는 고객 재방문을 이끌었던 원동력이었다.

나도 나이가 드는 것일까? 이제는 인턴 시절 추억의 한편으로 자리잡은 미장원만의 옛날 서비스가 제법 그립기까지 하다. 현실을 부정한 채 현재를 망각하기보다는 과거를 추억의 앨범에서 꺼내 회상하듯 그 또한 즐겨보자는 것이다.

스산한 겨울의 막바지에 박정현의 '미장원에서' 강추합니다.

주파수를 알 수 없는, 버스 안에서 흘러나오는 '미장원에서'를 들으며…….

# WAR GAME

남자들이 가장 무서워하는 꿈이 다시 군대 가는 꿈이라는데 생각해보면 군대에서 참 배운 것이 많은 것 같다. 내 의지와는 상관 없이 결정된 병역의 의무였지만 전역했음에도 나는 여전히 군대를 좋아한다.

그렇다고 남다른 애국심이 있는 것은 아니다. 어차피 피할 수 없는 국방의 의무였기에 사병이 아닌 장교로 군복무를 지원했고, 그것만은 틀림없는 내 선택이었다. 그렇기에 후회도 없다.

지금도 그렇지만 거창한 국가관이 형성되지 못한 시기에 선택한 장교로서의 군생활이었지만 지금까지의 수많은 선택 가운데 그나마 내가 기억하는 가장 잘한 일 중에 하나가 되었다.

지휘관으로 첫 부임을 받은 오뚜기 부대에서 4.2″ 박격포 소대장이 되었다. 포병에 비하면 터무니없는 화력이지만 각개전투를 직접적으로 수행하는 보병중대를 지원하는 최강의 화력이다. 따라서 연대급에서 다뤄지는 상위급 무기가 바로 4.2″이다.

3개 대대를 운용하는 연대에서는 RCT라는 모의 훈련을 통해 지휘관의 역량을 평가받는다. 한 마디로 RCT의 성적과 평가에 따라 연대장님이 별을 다느냐 마느냐가 결정되기 때문에 연대 최대의 훈련이다.

4.2″ 소대장이었던 나는 시뮬레이션 훈련인 'war game'을 통해 상대편 연대를 대상으로 공격과 방어를 두 차례 진행하였다. 전투지형을 파악하고 적의 유력 진로지와 퇴로지를 선정하여 장애물을 구축한다. 또한 화력의 집중을 위해 병력을 배치하고 적의 타격에 대비한 분산과 이동을 반복한다. 남아있는 포탄의 재고량을 계산하고 포탄의 종류를 상황에 따라 준비한다.

4.2″는 크게 3가지로 OP, FDA, 전포조로 구성되며 수륙양용인 K-532에 나눠 탑승한다. OP는 아군의 눈이 되어 적의 동태와 예상 진로지를 파악하여 보고하고 FDA는 아군의 브레인으로 적과의 거리와 지형을 토대로 유효 사거리를 계산한다. 마지막으로 전포조는 아군의 손과 발이 되어 포탄을 발사하는 직접적인 업무를 수행하게 된다.

이 모든 상황이 훈련 시나리오의 설정을 바탕으로 war game이라는 가상의 전쟁에서 벌어지게 된다. 한 마디로 실제 전투가 가상의 시뮬레이션 공간 안에서 펼쳐지는 것이다. 모든 상황은 훈련임에도 실전을 방불케하며 통신까지 암호화 체계로 전환된다.

말 그대로 군대는 전쟁을 준비하는 곳이었다. 하지만 군대 밖 사회는 어떤가? 개그맨 서경석님의 말대로 그야말로 진짜 전쟁터는 군대가 아닌 사회가 아니던가?

미용실 경영 컨설팅에서도 경쟁업소의 전략 분석과 내 직원의 SWOT 분석, 소비심리를 바탕으로 한 마케팅과 홍보, 제품의 재고관리 등 다양한 부분에서의 예측과 분석이 선행된다. 모든 것이 불확실한 상황하에서 생존이란 이름으로 나름의 전투를 벌인다.

이는 오늘 당면한 현실이다. 군대처럼 가상의 훈련이 아니기에 사회에서는 무를 수도 없다. 오로지 현실과 결과만이 있을 뿐이다. 따라서 변화무쌍한 여러 가지 가정들을 놓고 확률적인 예측만을 높이는 마케팅 활동들이 난무하게 된다.

요즘 미용실 경영 컨설팅을 하면서 현대적 군대 기법을 많이 적용하고 있다. 가장 효과적인 전달 체계와 반응을 발 빠르게 보이며 어느 정도 예측 가능한 일들을 메뉴얼로 담기 위함이다. 전략이나 기법 등과 같은 사회학적 경영학의 개념이 전쟁의 역사속에서 발전했듯 작은 부분까지의 세심함이 어느 분야에서든 성공 확률을 높이는 것 같다.

인생의 시간을 낭비했다는 다소 처지는 사념의 발로인 군대를 나만의 무기로 다시금 담금질해 보자. 아니면 아련한 추억의 한 켠으로 떠올려봐도 좋을 것 같다.

오늘도 출근길 전쟁터로 향하는 일상에 지친 남성들이여 기억하자.


"적어도 군대시절 만큼은 가장 규칙적인 식습관을 가졌고, 아침 6시에 기상해서 밤 10시에 취침하는 가장 부지런하고 강한 사람이었음을……."

# I LOVE 강산에

《두만강 푸른 물에 노 젓는 뱃사공》을 《삐딱하게》 노래하던 강산에는 어린 시절 일찍 부모님을 여의고 《명태》가 많이 나는 내 고향 속초 아바이 마을에서 내기 장기를 즐기며 수박을 좋아했던 《할아지와 수박》을 추억하며 자랐다.

가요계의 《아웃사이더》로 자신만의 음악 세계를 구축하며 대중성과 상업성에만 치중했던 가요계 풍조에 《get up》을 외치며 일침을 가했다.

자신의 꿈과 인생의 진정한 《답》을 찾고자 나름대로 미래가 보장된 경희대학교 한의대를 중퇴하고 경기도 인근의 비닐하우스에서 비전없는 《에랄라라》 외롭고도 힘든 무명 음악인의 길을 선택하게 된다.

그래서일까?

전문적인 음악 교육을 받지 않은 그의 음악에는 강산에만의 독특한 작곡 코드와 가사가 돋보이고 그의 자유로운 정신세계를 엿볼 수 있다.

플로리다를 여행하던 중 《사막에서 똥을 누다》 악상을 떠올리고, 자신의

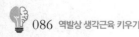

발톱을 깎아주는 일본인 아내에게 진정한 《내여자》라며 자신만의 사랑 고백을 하기도 한다. 《태극기》에서는 바람과 비가 내려도 삼풍과 (ㄴ)태우 만큼은 다시 오지 말라고 풍자한다.

흔히 얘기하는 강한 사운드와 독한 가사만이 강산에의 전부는 아니다. 그런 것만을 기억한다면 그건 강산에를 반만 알고 있는 것이다. 《그래도 9월이다》에서는 떠난 연인을 그리워하며 자조적인 자기 위안을 하고 《지금》에서는 고혹적인 피아노 선율에 맞춰 낭만적인 서정을 노래한다. 강산에로 알고 있지만 일본인 아내가 작사한 《넌 할 수 있어》는 힘있는 그의 보이스만큼이나 실의에 빠진 많은 사람들에게 적잖은 위로가 되기도 한다.

개인적으로 나의 노래방 18번이기도 하다. 친구 딸이 서툴게 구구단 외우는 모습을 보며 2×9 = 18이 아닌 2×9를 《이구아나》로 위트있게 악상으로 옮기며 어린아이의 시각과 생각마저 존중한다.

이범식의 뷰티경영사관학교 까페 대문글에도 강산에의 창의적인 자유분방함과 열정에 대한 예찬을 엿볼 수 있다. 진정성과 창의적인 전문성을 바탕으로 한 경영컨설팅이 《이해와 오해의 사이》에서 바로 섰으면 하는 나만의 발로이며 영역과 분야를 달리하는 강산에의 영향력이다.

세상의 편견을 극복하고 자신만의 독자적인 영역을 구축한 강산에게 그의 남다른 행보를 자꾸 《와그라노》라고 일상적인 시각과 언어로만 물을게 아니라 적어도 무언가 다른 방향성에서 최고가 되고자 한다면 강산에처럼 《흐르는 강물을 거꾸로 거슬러 올라가는 저 힘찬 연어》와 같은 용기와 두둑한 배짱 그리고 원칙이 있어야 하지 않을까? 게다가 속살은 하얗지만 겉은 노란 《노란 바나나》와 같이 팔색조의 끼를 갖춘다면 당신은 무언가 달라져도 달라져 있을 것이다. 어디서건 그 어떤 일을 하든지 말이다.

"가끔 강산에님의 콘서트 무대에서 용기있게 노래를 부르기도 하는 저 이범식은 형님의 영원한 빅 팬입니다. 무한 영감과 색다른 감성을 심어 주셔서 감사드립니다. 사랑해요."

*《 》는 강산에님의 노래 가사와 제목입니다.

* 출처 : Daum 블로그 blog.daum.net/kang-c/11771864

# 제 3의 인테리어

## 미.용.실

사람의 모발을 아름답게 다듬고 가꾸어 스타일을 연출하는 공간이다. 어쩌면 가장 저렴한 비용으로 가장 손쉽게 아름다움을 표현할 수 있는 곳이다.

하지만 비교적 매출이 높은 현대식 미용실에는 트렌디한 미용 기술 외에도 다양한 성공 요소들이 곳곳에 포진되어 있다. 그 중에서도 미용실 창업 성공 포인트로 절대적으로 중요한 요소가 바로 상권이 아닐까 싶다.

미용실의 창업 과정을 시뮬레이션 해볼 때 먼저 고객의 접근성이 용이한 대로변이나 역세권 기타 대단위 아파트단지를 선호한다. 비싸서 그렇지 1층 라인이라면 더할 나위 없다.

업종은 다르지만 파리바게뜨나 뚜레쥬르 역시 창업과정에서 빵 만드는 기술보다는 유력 로케이션 1층 라인 확보에 우선적으로 주력한다.

두 번째는 인테리어다. 최고급 마감재를 포함해 평당 200만 원 이상의 인테리어에 투자하는 미용실이 증가하고 있다.

최근의 학습된 고객은 단순히 기술적 우위에서 지갑을 열기보다는 럭셔리하고 세련된 인테리어를 통해 기술도 좋을 것이라는 심리적 신뢰를 쌓게 된다. 편리한 동선과 턱이 없는 샴푸실 기타 대기 공간에서의 편의성은 고객의 주관적인 기분까지 좋게 한다.

그렇다면 가장 중요한 제 3의 인테리어 요소는 무엇일까? 결론적으로 얘기하자면 바로 '사람'이다. 뛰어난 로케이션과 고급스런 인테리어로 마감된 미용실이라 하더라도 그 속에서 근무하는 사람이 매력적이지 않다면 고객은 언제든지 등을 돌릴 수 있다.

따라서, 미용실 성공 요소 중 제3의 인테리어는 프로의식과 마인드로 무장된 스타일리쉬한 근무 직원이 되는 것이다.

고객은 처음 방문한 미용실일 경우 특히나 디자이너의 헤어스타일, 메이크업, 패션 등 스타일이 좋을수록 머리도 잘할 것 같은 신뢰를 가진다. 따라서 사람은 인테리어 공간 구성에 있어 가장 중요한 경쟁력이자 마케팅 팁이다.

다 아는 내용들이라 다소 식상하다고 생각할 수 있겠으나 역시나 사람은 어제의 지식이 오늘이면 상식이 되는 변화무쌍한 뷰티산업에서의 가장 강력한 무기이자 경쟁력의 원천이다. 미용실의 경영 컨설팅 또한 눈 가리기식의 얄팍한 상술이나 마케팅이 아닌 유능한 인재 확보와 양성을 통한 생산성 관리가 핵심이 되는 것이다.

예를 들어 시기적으로 봄이라면 봄맞이 미용실 인테리어와 대청소에만 신경 쓸 것이 아니라 제 3의 인테리어 자원인 직원들의 유니폼과 스타일, 근무 마인드 그리고 그들의 기분까지 함께 점검해보자.

고객들의 신규 방문이 재방문으로 이어지고 살롱의 매출이 상승하는 놀라운 기적을 경험하게 될 것이다.

"명심하자!! 사람이 곧 재산이다."

# 대마불사라고? 영원한 것은 없다.

20 14년 종영된 드라마 '미생'의 인기로 막연히 어렵기만 할 것이라는 바둑에 대한 일반인들의 인식에도 조금의 변화가 생긴듯 하다.

직장인들의 애환을 바둑과 절묘하게 결합시킨 웹툰의 TV 드라마 환생판 '미생'은 바둑을 모르는 사람에게도 친숙하게 스며들며 공중파가 아닌 케이블 드라마였지만 8.24%라는 놀라운 최고 시청률을 기록했다. 주인공인 임시완뿐만 아니라 드라마속 무명 배우였던 김대명, 강하늘, 변요한은 드라마 종영과 함께 CF 요청이 쇄도했으며 조금이나마 무명의 설움을 덜 수 있었다.

'미생'에 등장했던 주옥같은 대사들은 어느덧 어록이 되어 SNS상에서 떠돌며 드라마가 끝난 지금까지도 많은 사람들에게 회자되고 있다.

그 중 '대마불사'란 말이 등장한다. 이는 바둑용어로 '큰 말은 쉽게 죽지 않는다.'는 말이다. 19개의 가로줄과 세로줄로 이루어진 좁은 바둑판에 거대하게 자리잡은 대마는 그만큼 경우의 수가 많고 변수가 많아 좀처럼 잡기가 쉽지 않다. 바둑판에 놓인 돌 하나만을 보면 이유나 연관성 없게 보이는 바둑돌의 착실한 한점 한점이 말 그대로 거대한 행마를 보이며 건실한 대마로 성장한 것이다. 따라서 빈틈을 발견하기란 어렵고 거대한 형세가 다른 미미한 돌들에게까지 영향력을 행사하기에 충분하다.

쉽게 잡을 수 없는 대마이지만 단 한 번의 실수로 대마가 잡힐 시에는 손 써볼 겨를도 없이 허망하게 불계패하고 만다. 아무리 큰 형세의 대마라도 반드시 두 집 이상은 생성되어야만 생존이 가능하기 때문이다. 이것이 바로 바둑의 절대 진리이며 변하지 않는 게임의 원칙이다. 흡사 인생살이와 사회 생활을 축소시켜 놓은 모양과도 같다.

우리가 기억하는 과거에도 비슷한 일이 있었다. 1997년 IMF 구제금융 사태가 발생하자 당시 30대 그룹 중 17개가 순위에서 사라졌다. 세계 경영을 꿈꾸던 탱크주의 김우중 회장의 대우그룹이 공중분해 되고 거대 은행들마저 무너졌다. '대마불사'의 신화에 사로잡혀 있던 당시에는 전혀 상상하지도 못했던 사건들이 일어난 것이다.

불과 2~3년 전까지만 해도 선진국 가입을 눈 앞에 두고 1970년 이후 가장 탄탄한 펀더멘털을 가지고 있다고 자랑했던 한국 경제가 한순간에 방향성을 잃고 좌초한 난파선 신세가 되었다.

"다시 한 번 상기하자!!"

이젠 외형적으로 견고해 보이는 대마도 얼마든지 잡힐 수 있고 따라서 영원한 것은 없다. 한순간의 방심으로 생긴 방만한 경영이나 현상 유지만을 위한 소극적 경영은 결국 파국으로 치달을 수 있다. 과거를 분석해서 현재에 충실하다면 얼마든지 예측 가능한 미래를 열 수 있다.

노키아의 몰락으로 나락에 떨어진 핀란드 경제가 화난 새(Angry bird)의 질주로 다시금 회생하듯 오늘을 자만하지 않는 성실함과 변화 앞에 대처하는 유연성을 확보한다면 '대마불사'를 더해 '기사회생'까지 하는 황금같은 기회가 찾아올 것이다.

# 조지 해리슨과 링고스타 역시 비틀즈의 멤버이다.

**영**국이 낳은 전설적인 록 그룹 비틀즈.

1960년대를 대표하는 문화 코드로 자리매김한 비틀즈는 폴 메카트니, 존 레논, 조지 해리슨, 링고스타로 구성된 4인조 밴드이다. 1950년 스키플에 뿌리를 둔 로큰롤에서 출발하여 포크 록과 싸이키델리 록, 하드 록 등 다양한 그들만의 음악을 선보이며 전 세계 젊은이들의 초대 문화 대통령으로 군림한다.

지금까지도 세대와 영역을 초월하여 사랑받는 비틀즈는 1970년까지 총 12장의 정규 앨범을 발표하며 세계적으로 5억 장 이상의 음반 판매고를 올리며 가수 중의 최고 가수로 등극한다. 특히 비틀즈의 대표곡 'Yesterday'는 리메이크 버전만 2,000개 정도라고 하니 62년에 활동하여 70년에 해체한 그룹이라고는 상상조차 할 수 없는 영향력을 전 세계적으로 행사하고 있다.

개인적으로도 비틀즈 베스트를 필두로 7장의 앨범을 소장한 것으로 보아도 정말 당시에 팔리기도 많이 팔렸을뿐더러 지금까지도 스테디셀러로 여전히 사랑 받고 있다.

또한 비틀즈는 빌보드 핫 100차트 50년 역사상 1위 싱글이 20곡으로 가장 많이 1위를 차지한 가수로 등극되었고, 50여 곡이 넘는 톱 40위권 싱글들을 만들어냈다.

이토록 경이적인 기록을 경신했던 비틀즈였지만 활동 8년만에 아쉽게도 해체하고 만다. 비틀즈의 해체 이유에 대해서는 아직까지도 갖가지 추측이 난무하지만 비틀즈 멤버 간의 불화가 거의 정설로 손꼽힌다. 폴 메카트니와 멤버 간의 음악적 견해 차이가 있었고, 일본인 오노요코에게 마음을 빼앗긴 존 레논은 비틀즈 활동에 자연 소홀해 질 수 밖에 없었다. 그렇게 아쉬움 속에 전설의 그룹 비틀즈는 대중속에서 사라졌다.

이후 폴 메카트니와 존 레논은 각자의 길을 걸으며 솔로로 전향하였지만 예전 비틀즈의 명성을 잇기에는 무언가 헛헛한 느낌을 지울 수 없었다. 비틀즈 내에서도 조지 해리슨과 링고스타는 폴 메카트니나 존 레논에 비하면 인지도가 상대적으로 높지 않지만 이들이 빠진 비틀즈는 더이상 비틀즈가 아니었다.

이탈리아의 경제학자 파레토는 20:80법칙을 내세우며 뛰어난 소수의 20%가 다수의 80%를 장악한다고 했지만 역시나 80이 없는 20은 존재 자체가 무의미할 수도 있다.

장기적인 불경기 속에서도 개인 매출 2,000만 원이 넘는 스타 미용사가 서울 시내 미용실에는 많다. 뛰어난 기술력과 감각을 지닌 미용사임에는 틀림이 없지만 자신의 역량이라고만 보기에는 무언가 아쉬움이 남는다. 이런 스타 미용사 뒤에는 비틀즈의 조지 해리슨이나 링고스타와 같은 훌륭한 살롱 로케이션과 노련한 인턴 2~3명이 동반되기 때문이다.

작은 미용실이라 할지라도 존재감 없는 미용사는 하나도 없고 생산성 적은 매니저는 한 명도 없다는 것이다. 구성원 모두가 각자의 사명감과 목표의식을 가지고 살롱의 이름으로 하나가 된다. 폴 메카트니와 존 레논만이 비틀즈의 멤버가 아니라 조지 해리슨과 링고스타가 포함되어야만 비로소 비틀즈란 이름으로 완성될 수 있는 것이다.

대부분 전주 없이 첫 소절부터 시작되는 비틀즈의 음악에 따스한 봄 햇살을 얻는다면 당신은 더할 나위 없는 행복감에 취하게 될 것이다.

# 잠시 쉬어 간다는 거, 그리 나쁜 것만은 아니다.

자신만의 목표를 설정하고 열심히 한발 한발 성공을 향해 달려가는 거… 목표 뚜렷하고 정말 좋다.

보기에 따라 제3자의 이런 열정을 보며 또 다른 동기유발로 심기일전할 수 있고 과정속에서 아름다워 보이기까지 하다. 그렇게 모두들 각자의 성공을 꿈꾸며 분주한 오늘을 보낸다.

하지만 열심히 한다고 해서 모든 사람이 성공하는 것은 아니다. 특히나 성공의 기준은 상대적이어서 타인을 통해 나의 성공을 판가름하니 성공에 근접할수록 공허해지기도 할 것이다.

바로 성공과 비례하여 기인하는 행복감에 관한 또 다른 문제점에 봉착하게 된다.

성공의 기준은 사람마다 차이가 있을 수 있겠지만 보편타당한 척도로 볼 때 돈을 기준으로 삼는 경우가 많다.

하지만 부자들도 자신만의 삶을 스스로 포기하는 것을 보면 '성공=돈'이라

는 공식이 반드시 성립되지는 않는 듯 하다.

이젠 성공과 행복이라는 팽팽한 명제 아래에서 잠시만 쉬어가자. 당신이 아직까지 성공하지 않았다면 그것은 실패한 것이 아니라 당신의 성공이 아직도 진행형일지도 모르겠다.

따라서 포기만 하지 말자. 잠시만 쉬어가자는 것이다. 쉽진 않겠지만 예견된 성공을 생각한다면 그리 나쁜 것만은 아니다.

조선 선조와 광해군 두 명의 임금을 모신 명의 구암 허준은 서자 출신이었으나 광해군의 천연두를 치료한 공로를 인정받아 당상군 정3품의 품계를 받았다.

당시 조선시대의 신분제도를 감안할 때 파격적인 인사조치가 아닐 수 없다. 또한 전 임금 선조 역시 임진왜란의 고된 피난길에 허준을 대동할만큼 신임이 두터웠다. 하지만 선조가 승하하자 당시 어의였던 허준은 책임을 지고 1년 8개월 동안 귀양길에 오르게 된다. 바로 이때 탄생한 위대한 책이 〈동의보감〉이다.

〈동의보감〉은 당시의 조선과 중국의 모든 의서를 참고하고 허준의 연구가 더해져서 완성된 의학백과사전이다.

다시 한 번 얘기하지만 잠시만 쉬어 가자. 쉬어간다는 것이 그리 나쁜 것만은 아니다. 사군자로 불리며 곧은 절개로 상징되는 대나무를 본 적이 있는가? 바람에 순응하며 하늘 높은 줄 모르고 하염없이 위로 쭉쭉 뻗으며 자란다. 야망차 보이지만 대나무의 속은 텅 비어있다. 욕심과 야망에 휩싸여 앞이 보이지 않는다면 가끔은 잠시만 내려놓고 쉬어가자.

위대한 〈동의보감〉도, 곧은 절개의 대나무도 이 사실을 이미 알고 있는 듯하다.

"지금 이 글을 읽고 있는 당신, 이 페이지를 끝으로 잠시 책을 덮자. 잠시 쉬어 간다는 거 그리 나쁜 것만은 아니다. 그리 나쁜것만은 아니다……."

# 어린이의 목과 척추를 보호한다는 란도셀 가방 덕에
# 어른들은 등골빠지는 아이러니한 현실

20 15년 3월 봄바람과 함께 우리 아들도 어느덧 초등학교에 입학하게 되었다. 아이의 초등학교 입학에 남다른 의미를 느끼셨는지 시골에 계신 부모님께서 가방을 사주라며 30만 원을 보내 오셨다. 아내 역시 초등학교 입학 준비에 여념이 없었다.

또래 아이들의 가방을 눈여겨 보던 중 비슷한 모양의 가방이 눈에 띄었다. 나중에 알고 보니 바로 '란도셀'이었다. 독특한 디자인이 예뻐 백화점에 가서 문의하던 중 깜짝 놀랐다. 아이들의 목과 척추를 보호한다는 일본 란도셀 가방의 가격이 무려 70만 원을 넘는 것이었다. 기가 막힌 현실 앞에 나도 모르게 어이없는 실소와 함께 탄식이 섞여 나왔다.

250만 원이 넘는 '스토케' 유모차가 유행하더니 이제는 70만 원대의 초등학생 백팩까지 등장하며 소득 불평등도를 나타내는 지니계수가 1에 근접하는 쓸쓸한 현실을 여실히 보여주고 있었다.

란도셀 백팩은 1887년 당시 군국주의의 상징인 일본군이 사용하던 전시용 가방이 초등학생들 사이에 퍼진것이라고 한다. 일본에서 1880년대 후반에 이런 스타일의 가방이 유행하였기에 일제 강점기인 우리나라에까지도 자연스레 전해진 것 같다.

당시 가난한 우리나라의 학생들이 보자기에 책과 학용품을 싸가지고 다닌 반면 부유한 집의 자녀들은 이런 고가의 백팩을 매고 등교하는 모습을 떠올리면 지금의 현실과 크게 다르지 않았음에 놀라기도 한다.

아무튼 가격에 구애받지 않고 고민 없이 란도셀을 척척 사주지 못하는 자조적인 부모로서의 능력에 굴복하기보다는 정부까지 앞장서서 왜곡된 역사를 교과서에 싣는다는 일본을 규탄하는 마음으로 란도셀을 포기했다.

세상에 내 자식 귀하지 않은 부모가 누가 있겠는가? 하지만 어린이의 목과 척추를 보호한다는, 건강과 직결되어 보이는 듯한 얄팍한 상술에 속아 어른들의 허영심을 채우기 위한 자기 만족에서 벗어나야만 그 어린이들이 자라 건강한 사회를 이끌 것 같다는 생각이 앞선다.

하나의 유행처럼 번지고 있는 란도셀의 과소비 질주를 과거 우리 조상님들이 단합된 마음으로 일본의 차관을 해결하려 했던 국채보상운동을 거울삼아 반성하고 지혜롭고 현명한 소비 문화가 정착되었으면 하는 바람이다.

"아들!! 비록 아빠가 란도셀은 안 사줬지만 이번 만큼은 그리 미안하지도 부끄럽지도 않다. 건강하고 앞으로도 지금처럼만 밝게 자라라. 사랑해요."

# 중국이 무서운 진짜 이유?

경제학을 전공하던 대학시절 한 학기 수강 과목으로 '한국 경제학'을 배운 적이 있다. 한국의 경제 상황과 전망을 거시와 미시적인 측면에서 제법 재미있게 공부한 기억이 있다.

하지만 지금은 단순히 한국 경제만을 놓고 경기 상황을 분석하는 것 자체가 무의미하기 때문에 '한국 경제학' 과목 자체가 없어졌다고 한다. 대신 '글로벌 경제학'이나 '국제 경제학'이 '한국 경제학'이 사라진 빈 자리를 대체하고 있다.

2007년 미국의 서브 프라임 모기지 사태나 리먼 브라더스의 몰락, 유럽발 경기 악재가 이억만리 한국의 경기 상황에도 영향을 주기에 충분한 현실이 되었다. 특히나 한국과 가까운 중국의 성장과 팽창은 가히 위협적이다.

우리나라 상위 기업 대부분이 수출과 제조업 그리고 반도체에 편중되어 있기 때문에 대외적인 국제경기에 민감하게 반응하지 않을 수 없다.

한때 한국은 일본이 '잃어버린 10년'으로 국제적으로 허덕일 때 가격경쟁력으로 앞서 나갔고 중국을 기술 우위로 선점했었다. 하지만 지금은 아베 총리를 앞세운 일본의 엔저 정책과 중국의 가격경쟁력 사이에 낀 '넛 크래커'에 고전을 면치 못하고 있는 실정이다.

해마다 3월이면 미국의 경제전문지 '포브스'에서는 전 세계 슈퍼리치들을 발표한다. 여전히 미국이 빌 게이츠를 필두로 100대 슈퍼리치들이 가장 많이 포진해 있지만 해를 거듭할수록 중국의 신흥 부자들이 대거 진입하고 있다. 중국이 세계의 공장을 자처하며 신흥 부국으로 성장하고 있음에는 이견이 없지만 사실 진짜 중국이 무서운 이유는 따로 있다.

2002년 겨울 대학원에서 북경 '칭화대학'과의 교류를 위해 처음 중국땅을 밟았다. 당시에는 중국의 성장과 경제 규모에 놀라기보다는 공항 내부터 친숙한 한국 연예인들의 광고 사진과 귀에 익은 거리의 한국 음악으로 한류열풍을 직접 실감할 수 있었다.

사실 정말 놀란 사건은 북경의 대표적인 왕푸진 거리에서 쇼핑을 하고 거스름돈을 돌려 받을 때의 일이다. 공산주의 국가인 중국은 경제성장 속도에 비해 고객 서비스의 개념이 발달하지 않아 거스름돈을 던져서 주는 것이었다. 번화가의 백화점에서부터 이런 실정이니 다른 기념품 가게나 쇼핑지는 더 말해 무엇하랴? 중국을 찾는 대부분의 관광객은 이런 서비스 문화에 한 번씩 당황한 경험이 있어 무용담처럼 얘기하곤 한다.

하지만 이제 그런 중국이 변화하고 있다. 중국의 대표적인 가전회사인 '하이얼'의 에어컨은 중국 내에서도 고가이다. 타 브랜드 에어컨에 비해 가격이 싼 것도, 그렇다고 특별한 기능이 있는 것도 아닌데 중국 사람들이 선호하는 대표적인 히트 상품이 되었다.

중국인들에게 '하이얼' 에어컨의 선호 이유를 물으면 단연 서비스라고 대답한다고 한다. '하이얼' 에어컨의 설치 기사들은 배송 시 덧신과 걸레를 지

침한다. 주문자의 집에 들어 가기 전 덧신을 신고 나올 때는 주변을 말끔히 닦고 나온다고 한다. 게다가 A/S에 대한 확고한 보증과 신뢰가 두텁다고 한다. 어찌보면 중국인들 사이에 깊숙이 자리잡고 있는 서비스 개념에 대한 역발상을 시도한 성공 사례로 볼 수도 있다.

중국이 무섭다. 13억 인구의 내수 시장 기반도 무섭고 그로 인한 그들만의 가격경쟁력이 무섭다. 또한 탄탄한 인재를 바탕으로 한 기술진보 역시 무섭다. 하지만 가장 무서운 건 그들의 고객 서비스 문화의 변화이다.

무섭다고 피하기보다는 그들을 보다 철저히 분석하고 공부하려 한다. 최근 아모레퍼시픽의 국내 주가 상승 요인이 중국임을 감안할 때 중국에 대한 분석과 공부는 반드시 필요한 요소라 하겠다.

나의 공략 포인트와 분야는 뷰티산업이다. 타 산업 분야의 전문인들도 중국을 분석하고 공부해서 그들의 독주에 제동을 걸어주기를 부탁한다. 그것이 좁은 땅, 적은 인원으로 중국을 호령했던 고구려 선조들이 우리에게 물려준 기상과 승부욕이 아닐까?

# 아들의 발치가 의미하는 것

내 눈엔 마냥 아기로만 보였던 우리 아들이 초등학생이 되고 아랫니 두 개가 빠졌다. 또래 아이들보다 발치가 늦어 사실 발육과 영양 불균형을 걱정하던 찰나였다.

그렇게 걱정하던 아들의 이빨이 빠지고 나니 기분이 묘했다. 그것은 아들이 더이상 유아가 아닌 어린이로의 본격적인 도약을 의미하는 것이기도 했고 유치원 때와는 또 다른 인격적인 대우와 한 남자로서 나이에 걸맞는 대접을 해야하는 것을 의미한다. 솔직히 아들에게 유별나게 뽀뽀를 많이 하는 나로서는 참 난감하며, 받아들이기 싫은 이유이다.

그래서일까? 초등학교에 입학하면서부터는 아빠와 뽀뽀하는 것을 눈에 띄게 거부한다. 안아주는 것을 좋아하던 아들이지만 같은 반 친구들이 보일 때면 얼른 내려 달라고 발버둥을 치기 십상이다. 그렇게 시간이 더 지나면 어른이 되기 위한 성징과 함께 아빠와의 시간은 점점 더 줄어들 것이다. 그렇기에 예전과 달라진 아들의 처사에 대해 서운해하기보다는 내가 먼저 변화하고 자연스레 받아들여야 한다.

싫지만 인정하지 않을 수 없다. 아니 받아들여야 할 때다. 아들의 새로운 공간과 구성원들 앞에서 아들의 프라이버시를 존중해야 하고 유아 때나 집안에서와는 다른 말투나 태도로 하나부터 열까지 배려하고 신경써야 한다. 이젠 품안의 자식이기 이전에 이미 완성된 인격체로 마땅히 존중받아야 한다.

따로 정해놓은 시간은 없지만 미용실에서는 숙련된 헤어 디자이너가 되기 위해 보통 3년에서 4년 정도의 견습 생활을 거치게 된다. 화려한 헤어 디자이너의 데뷔를 꿈꾸며 손에 물 마르기가 무섭게 고객의 샴푸를 해야 하고 미용실에서 발생하는 모든 궂은 일을 가장 많이 해야 한다. 물론 일과 병행하여 서비스와 기술 등 수많은 교육을 이수해야 한다. 언감생심 미용사의 심장이라고 하는 가위는 당장 만져볼 수도 없다. 그렇게 저마다 인고의 시간을 겪고 나면 비로소 헤어 디자이너로 거듭나게 된다. 미용사 자격증의 취득은 시작일 뿐 결코 종착지가 아니다.

그런데 문제는 바로 그들의 성장과정과 일거수일투족을 바라본 동료나 선배들에게서 흔하게 발생한다. 여전히 고객 앞에서 인턴인 양 대하고 사적인 심부름까지 시킨다. 더 이상 견습생이 아니기에 반발하기는 마찬가지이다. 고객 역시 샴푸만 하던 초보시절의 기억이 있어 쉽사리 믿고 머리를 맡기지 않는다.

스스로가 표현 않고 감내하지만 사실상 이런 고민과 달라지지 않는 대접은 초보 디자이너의 퇴사로 이어지는 경우가 비일비재하다. 미용실로서는 오랜 시간을 두고 양성해 온 유능한 인재를 잃는 안타까운 순간이다. 오너 역시 당황스럽지만 대부분 이런 갈등의 사실을 모를 때가 더 많다.

고객의 스타일을 연출해 본 경험도 많지 않고 헤어 디자이너의 경력도 짧기에 기술력은 서툴 수밖에 없다. 하지만 여전히 견습생을 대하듯 하대하는 말투와 행동은 그들의 인격에 상처를 입히기에 충분하다. 제 아무리 초등학교에 입학했고 이빨이 빠졌어도 똑같이 아기 대하듯 하는 것을 싫어하는 우리 아들처럼 말이다. 아들의 빠진 이빨을 보며 나 역시 경영자문을 핑계로 반말과 하대하는 직원은 없었는지 반성해본다.

경영학의 그루 '피터 드러커'는 영원히 사라지지 않을 직종으로 '미용'과 '영업'을 꼽았다. 그것은 정보나 과학, 문명이 아무리 발달해도 사람의 스타일을 완성시켜주는 기계는 앞으로도 나올 수 없기 때문이다.

미용은 사람의 손이 거쳐야만 완성되는 21세기 최고의 직종임이 분명하지만 바로 그 사람 때문에 상처받을 수 있다는 사실을 다시 한 번 명심해야겠다.

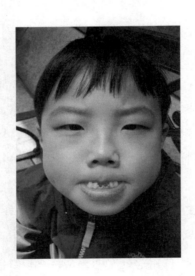

# 구내 식당과 햄릿 증후군

해를 거듭할수록 우리나라의 여름은 더 더워지고, 그 시기도 빨라지는 것 같다. 자연스레 여름같은 봄이다.

군이 다이어트를 위한 식단 조절 때문만은 아니더라도 입맛이 없는데 매 끼니마다 무얼 먹을까 고민하는 것 역시 스트레스다. 딱히 당기는 메뉴도 없고 때마침 중간고사 기간이라 오랜만에 학교 구내 식당을 찾았다.

학교 구내 식당은 언제나 그렇듯 한식과 양식 딱 두 가지로만 세팅되어 있다. 오늘의 메뉴로 한식으로는 고등어 조림과 국이 있고, 양식으로는 돈까스뿐이다.

학교 구내 식당을 들어설 때면 뭘 먹을까에 대한 고민으로 시간을 낭비하지 않아도 되는 수월함이 있다. 퀄리티 자체를 논하는 것도 가격을 따지자면 구내식당 메뉴 앞에서는 사치가 된다.

경제학의 근본은 '선택'이다. 현명하고 탁월한 선택을 하기 위해 분석하고 논리적인 추론하며 통계를 낸다. 하지만 때론 의외의 손쉬운 선택이 좋은 결과를 수반하는 경우도 많다. 보다 현명한 선택을 위한 것이라고는 하지만 중요한 선택 앞에서 망설이다 최악의 선택을 하기도 한다.

이른바 결정장애 '햄릿 증후군'이다. "To be or not to be" 생사의 갈림길에 놓인 햄릿의 고뇌를 현대인들도 선택 여부를 놓고 똑같이 고민하게 된 것이다.

정보의 홍수속에서 현대인은 너무도 많은 정보력 앞에 오히려 판단력이 흐려지게 된다. 또한 학습된 소비자 역시 본인만의 방대한 정보력에 속아 과소비를 스스로 부추기기도 한다. 물질적인 풍요속에 이제는 점심 한 끼까지도 현대인에게는 고민 아닌 고민이 된 현실이 되었다.

오늘 점심 메뉴 선정에 실패했거나 고민 끝에 라면이나 햄버거로 때운 당신이라면 내일 점심 메뉴로 구내 식당을 추천한다. 구내 식당이 없다고 한다면 기사식당 아니면 가정식 백반도 무방하다. 점심 시간이 일정하지 않은 미용사라면 미용실 내에서도 가장 좁은 키친룸에서 고생하시는 이모님을 떠올려 보자.

메뉴 선택의 폭이 좁거나 아예 없을지도 모르지만 때론 누군가가 차려준 따뜻한 밥상 한 끼의 감사함을 떠올린다면 당신은 선택에 대한 평가 대신 사람의 온정을 느낄 수 있을 것이다.

"오늘도 정겨운 집밥 이상의 손맛으로 메뉴의 고민을 덜어주는 미용실 이모님들께 감사함을 전합니다. 감사합니다."

# 종합선물세트

즘 초등학교 밴드 모임에서 한창 추억 놀이 찾기에 즐거운 나날을 보내고 있다. 나이가 들어서일까? 초등학생 때의 추억이 고스란히 담긴 뱀주사위 놀이, 어깨동무, 종이 딱지 등 추억의 앨범을 찾아 꺼내놓는 재미가 쏠쏠하다.

그 중에 백미라면 역시나 종합 선물 세트가 아닐까 생각한다. 타지에서 오랜만에 반가운 삼촌이나 이모가 오시는 날, 어린이날과 같이 은근 선물을 기대하게 하는 날이면 어김없이 종합 선물 세트가 등장했다. 두꺼운 종이 상자한 가득 풍성한 과자가 한아름이다. 가격에 따라 과자의 양이나 질도 조금씩 차이가 있었지만 무엇이 들었을까 내용물을 떠나 겉포장지부터 기분 좋게 뜯었던 기억이 생생하다.

이쯤에서 유년시절의 감성은 잠시 접고 마케팅 측면에서 살펴 보자면 롯데의 패키지나 번들 메뉴 구성의 성공 전략이라 할 수있다. 잘 팔리지 않는 낱품들을 번들로 구성해서 동심을 공략한 고도의 심리 객단가 향상 마케팅이다.

2,100 포인트 안팎의 코스피 지수와 700포인트 내외의 코스닥 지수에도 불구하고 장기적인 경기 불황과 소비 침체에서 좀처럼 회복의 기미가 보이지 않는 불안한 국면이 지속 중이다. 전반적인 경기 상황에서 맹목 소비재로 분류되는 뷰티 산업은 실질적인 삶의 질과 직결되는 소비 패턴의 바로미터라 할 수 있다. 더 이상 덥다고 커트하는 고객은 많지 않고 앞머리가 눈에 찔린다고 스타일링 하는 고객은 없다.

또한 미용의 시술 가격이 낮다고 좋아하는 고객보다는 비쌀수록 미용사의 기술과 시술 제품이 좋을 것이라는 신뢰가 수반되기도 한다.


"Back to the yesterday!!"


시대 상황을 반영한 이런 아이러니가 지속된다면 가끔은 과거로 돌아가 검증된 아이템들을 떠올려 보자.

과거의 추억만을 떠올리며 감상만으로만 그칠 것이 아니라 현재를 정면 돌파할 수 있는 새로운 돌파구를 찾아보자. 철없고 어렸고 몰랐기 때문에 열정과 배짱이 두둑했던 과거, 지금은 사라졌지만 핸드 마사지를 통해서 살롱의 품격을 높였던 시절, 가벼워진 주머니 사정으로 학습된 고객을 공략하기 위한 커트와 열펌과 크리닉을 묶어 패키지로 구성한다면 보다 슬림해진 가격대에 효율성 높은 만족도를 더해 줄 수 있다.

과거의 회상이 아닌 이미 검증된 시스템을 찾아 현재에 맞게 재구성 하자는 것이다. 차별화 없는 현실에 획기적인 마케팅 대안이 될 수도 있고 그만큼 리스크를 낮출 수 있을 것이다.

브라이언 트레이시는 21C의 경쟁력을 확보하기 위한 대안으로 비굴함이

나 수축이 아닌 'Flex'를 제시했다. 이른바 '사고의 유연성'이다. 과거를 기성세대의 낡은 꼰대식 발상으로만 치부할 것이 아니라 '온고지신'을 거울 삼아 현재를 돌파하고 미래를 예견할 절실한 시기인 것 같다.

'자연농원', '종합선물세트' 등 지금은 이름마저 촌스런 낡은 아이템이지만 삼촌 냄새 물씬 풍기는 그런 정겨움이 한없이 그립고 또 그립다. 그리고 한치 앞도 보이지 않는 현재의 답답함을 풀 수 있는 새로운 열쇠가 될 수 있을 것이다. 식상한 복고풍이 아닌 과거의 Retro가 현실의 대안이 될 수도 있다.

# 알뜰주유소

정부가 석유공사와 정유사 간 고심 끝에 고유가에 따른 서민 물가 안정 기반으로 마련한 알뜰주유소는 나를 비롯한 많은 서민들의 자동차 핸들을 꺾게 만들었다.

석유 한 방울 안나는 자원 약체국임에도 거의 1가구 1자동차가 완성될 만큼 자동차 이용 고객수는 OECD 국가 중에서도 유독 높다.

그래서일까? 3년 전 2,000원대 안팎의 휘발유 가격은 서민을 떠나 마이카족에게는 부담스러울 수밖에 없었고 일부러라도 사전에 알아둔 알뜰주유소나 셀프 주유소를 찾아서 주유하는 사람들이 많아졌다.

2014년 초까지만 해도 정부의 각종 세제 혜택은 물론 불필요한 휴지나 포인트를 고객에게 제공하지 않으므로 가격경쟁력을 높인 알뜰주유소가 전국적으로 300여개나 난립할 정도였다. 하지만 2016년에는 하반기 국제적인 유가의 하락에 따른 알뜰주유소의 메리트가 이미 사라진지 오래다.

아직도 '알뜰'이라는 달콤한 타이틀만 믿고 알뜰주유소를 찾아 주유한다면 많게는 리터당 30~40원 정도까지 손해를 보게 된다. 지금은 그나마 가격이 올라서 휘발유가 리터당 1,500원대인 국제 유가 앞에서 알뜰주유소의 가격 경쟁력은 상대적으로 무색해질수 밖에 없다.

　수요와 공급이 만나 가격을 이루는 경제학에서 국제적인 유가는 모든 생산과 소비의 패턴을 반영하는 척도가 된다. 국제 유가는 우리나라와 같은 자원 빈약국에서는 경제 전반의 소비와 생산의 지표를 반영한다. 특히 외국계 시술 제품이 주류를 이루는 뷰티업계 관계자라면 유가 변동에 민감하지 않을 수 없다. 그렇기에 정보에 밝은 사람들이 생산성 측면에서 앞서 나갈 수 밖에 없고, 눈에 보이지 않는 경제 흐름은 흡사 살아 움직이는 유기체와도 같다.

　불황일수록 에스티로더의 밝은 계열 립스틱이 많이 팔리고, 호황일때 남성용 수트가 많이 팔린다고 한다. 이른바 정부의 개입이 없는 '보이지 않는 손'에 의한 균형의 원리가 실제 소비 심리에 반영된 예라 할 수 있다.

　2015년 1분기 경기 실적은 곳곳에서 조심스레 살아나고 있는 조짐을 보이는데 이를 정부의 저금리 정책에서 기인한다는 의견이 지배적이다.

　전쟁을 준비하는 군에서는 현대전을 정보력의 싸움이라고 얘기하는데 실제 생존 전쟁을 벌이고 있는 사업가나 자영업자들은 대수롭지 않은 듯 곳곳에 나타나는 지표들을 무심코 지나치는 경우가 허다하다.

　아직도 알뜰주유소를 찾으며 자신은 경제적인 관념이 밝은 사람이라 자부한다면 미안하지만 오히려 경기흐름에 관심은 있지만 정보력에 뒤쳐지는 사람이라 말하고 싶다.

　3년 전 대세로 떠오른 블루오션이 지금은 레드오션이 되는 경우는 부지기수다. 이젠 자신만의 업종과 영역에서 탈피하여 시야를 넓히고 관점을 달리하여 세상을 바라보자. 곳곳에서 경기흐름을 예측하는 지표들이 쏟아질 것이다. 이 글을 쓰는 나는 언제쯤 이런 걱정 없이 옥탄가 높은 고효율의 휘발유를 "가득이요!" 외치며 주유하는 날이 올까?

"그날을 위해서라도 오늘도 난 싼 가격의 경유를 찾아 열심히 달린다."

# 스무 살 예찬론

삼육 보건대와 건국대를 오가며 어느덧 13년째 미용 경영학을 강의 중이다.

두 학교의 학생들은 확연한 차이를 보인다. 물론 그들의 자질이나 학습 능력에 대한 산술적 상대 비교는 아니다. 건국대는 대학원 과정으로 나름 뷰티 분야의 경력자들이 모인 베테랑 그룹이라면 삼육대는 전문학사과정으로 이제 갓 뷰티분야에 입문한 말 그대로 솜털이 뽀얀 새내기다.

따라서 건국대 학생들의 나이는 그야말로 20대부터 50대까지 천차만별이고 평균 연령대는 삼십대 후반이 주류를 이룬다. 심지어 교수인 나보다 연령대가 높은 누나(?)와 형님(?)들도 많다. 각자의 현장 경험을 바탕으로 필요에 의한 공부를 하는 터라 수업태도 또한 진지하고 적극적이다.

그에 반해 삼육대는 이제 막 고등학교를 졸업한 학생들을 비롯해 그나마 나이가 있다 해도 군대를 전역하고 복학한 예비역이 전부다. 아직 미용 전반에 걸친 기술은 커녕 확실한 본인만의 진로도 결정하지 못한 터라 그들의 눈망울은 순수하다 못해 흡사 멍때리는 모습을 보일 때가 많다.

순진무구한 이들의 눈망울을 상대로 난 따분하기 그지없는 경영수업을 진행해야 한다. 그것도 이론으로만……. 물론 수업 초기에는 열정만 있고 강의 스킬은 부족했던 터라 시행착오도 많았고 내 목소리는 여지없이 자장가가 되어 그들을 잠재웠다. 주교재인 두꺼운 경영학원론은 책의 활자 전달 기능을 이미 넘어서 턱이나 이마를 괴기에 최적화된 아이템이 되어 버렸다.

당시 내 나이는 팔팔한 삼십대 초반으로 강의 때마다 수업태도에 대한 불만으로 학생들에게 짜증내기 일쑤였고, 그에 따라 수업 분위기는 자연히 살벌해질 수 밖에 없었다. 이렇게 수업이 진행되어서는 안 되겠다 싶어 이십 대 초반 학생들의 눈높이에 맞는 SWOT분석을 해보았다. 이들을 상대로 강점, 약점, 기회요소, 위협요소를 파악해 본 결과 '영화'로 답이 모아졌다. 그래서 딱딱한 경영학 원론이 아닌 매수업마다 영화 예고편을 동영상으로 감상하였고 영화속에 담긴 내용을 토대로 미용경영학을 강의하기 시작했다.

예상이 적중이라도 하듯 이들의 반응은 달라졌고 하나둘씩 관심을 보이기 시작했다. 그렇게해서 만들어진 첫 번째 나의 책이 '영화 속 미용경영학'이다. 생각해보면 나의 스무 살 기억도 이들과 별반 다르지 않았다. 어른들은 가장 좋은 때라고 얘기하는데 사실 무엇이 왜 좋은지 구체적인 이유를 알지 못했다. 부모님께 받아 쓰는 용돈은 언제나 부족했고 술맛도 모른채 친구들과 어울리기 일쑤였다. 김난도 교수님이 얘기하듯 당시에는 나름의 아픔과 이성에 관한 심각한 고민이 슬픔으로 승화돼 눈물도 많이 흘렸지만 당시에는 곧 죽을 것만 같았던 고민과 슬픔이 지금은 무슨 내용이었는지 생각조차 나질 않는다.

이십대의 좌충우돌 방황과 사랑을 그린 영화 '스물'에서는 스무 살이 좋은 이유는 잘못된 길을 가더라도 언제든 다시 돌아나올 수 있는 시간이 충분해서 좋다고 얘기한다. 따라서 실패가 두려워 아무것도 하지 않는 것보다는 이 것저것 다 해보는게 좋다. 그렇게 시작한 무모한 도전 정신은 경험과 경력이라는 이름으로 탈바꿈하게 된다.

어느덧 40대가 되어보니 스무 살이 왜 좋은지, 스무 살이 어떤 비전이 있는 지 당시에는 몰랐지만 내 스무 살의 아침 기억과 하늘은 언제나 날씨 맑음과 청명한 파란색이었던것 같다. 이제는 조심스레 꺼내보는 추억 앨범처럼 나의 스무 살 기억을 떠올리며 지금 현실의 고단함을 잠시라도 잊고 심기일전하는 또 다른 전기를 마련하기도 한다.

"이 땅의 스무 살들이여, 정작 본인들은 몰라도 모두가 부러워하는 이십 대임을 명심하고 오늘부터라도 당당하자. 그것이 인생에서 단 한 번만 찾아오는 스무 살의 특권일 것이다."

# 희.망.고.문

## 희.망.고.문

트렌디한 우리말로 굳이 영어가 따로 있을까? 생각해보지만 굳이 영어로 번역하게 되면 'Hope torture', 또는 가수 박진영식의 표현으로는 'False hope'가 된다. 말 그대로 어떤 상황에서도 안되는 걸 알면서도 고문인 양 희망을 주는 것을 말한다. 육체적인 고문을 제외한 정신적 형벌로는 아마도 최고인 듯 싶다.

남녀관계에 있어서도 흔하게 나타나는데, 마음에도 없는 이성에게 매정하지 못해 쉽게 단념하지 못하게 하고 더 큰 상처만 남기는 경우가 아마도 희망고문의 대표적인 예일 것이다.

또한 희망고문의 예는 종종 영화속에도 명대사로 등장하는데 '베트맨 나이트 라이즈'의 자비를 모르는 악당 베인은 "진짜 절망은 헛된 희망을 동반하지……."라며 희망의 의지를 꺾었고, 케이블 드라마 '나쁜 녀석들'에서 오구탁은 "희망이 뭔 맛인줄 알았잖아 그건 마약이야……."라며 자조했다.

이렇듯 우리는 주변에서 쉽게 희망고문을 접하게 된다. 미용실에서도 희망고문은 직원 간 영광없는 상처만을 남기는 경우가 많다. 미용실을 물려주거나 지분을 준다며 현대판 노예계약이 등장하기도 하고, 나만 도와주면 가장 빨리 디자이너로 만들어 주겠다며 둘만의 밀약 아닌 밀약을 체결하기도 한다. 5년만 눈 감고, 귀 막고, 입 가리면 최고의 디자이너로 성장시켜 주겠다고 면접 때부터 호언장담하기도 한다.

　물론 거짓 없이 솔직한 속내를 얘기한 것일 수도 있다. 하지만 구체적인 성공 대안과 시스템 없는 비전은 부질없는 희망고문으로만 끝나는 경우가 많다. 다시 말해 이미 성장판이 닫혀 버린 40대가 우유와 멸치를 많이 먹으면 키가 클 수 있다는 것과 현직 국가대표 100m 단거리 육상선수가 지금처럼만 열심히 훈련을 소화한다면 자신의 최고 기록에서 3초 이상 당길 수 있다는 거짓말과 다를 바가 없는 것이다.

　그 옛날 적벽대전에서 패한 조조가 지친 패잔병을 이끌고 서슬퍼런 관우의 화롱도를 벗어나면서 자신의 부하들에게 말했다.

　"저 산만 넘으면 고향으로 돌아갈 수 있고 살아남은 자는 죽은 자들의 몫까지 더해 황금과 땅을 주겠다."

　이른바 권모술수의 대표격인 조조의 용병술인데 현대에는 희망고문이란 이름으로 되살아나고 있지는 않은지 오너들은 경계해야할 때인 것 같다. 근시안적인 사탕발림이 아니라 보다 구체적이고 체계적인 직원의 육성 방안이 필요한 시기라 하겠다.

# 냉면집에 홀수로 등장하는 왕만두의 비밀

여름이니 덥다. 여름이라 더운 것은 어느 정도 인정한다 해도 해마다 더 더워지는 것 같고 실제로도 그렇다. 이렇게 입맛 없는 더운 여름에는 점심 한 끼 때우는 것 역시 적잖은 고뇌가 된다.

최근 TV속 먹방의 인기에 힘입어 자장면의 매출이 급등한다지만 역시나 더운 여름 스테디셀러 메뉴는 단연코 냉면이다. 억지를 부려보자면 그러니 자장면이란 노래는 없어도 '냉면'이라는 가요는 있는 것 아닌가?

내 고향 속초에는 물냉면이니 비빔냉면이니 해서 따로 구분이 없다. 그냥 함흥식 코다리 냉면이다. 속초 함흥 코다리 냉면은 정말 맛있는데 그에 비해 널리 알려지지는 않은 것 같다. 그렇기에 잠시 속초 함흥 코다리 냉면을 맛있게 먹는 비법을 소개하고자 한다.

속초 함흥 코다리 냉면은 언뜻 보면 비빔냉면 같이 빨갛게 다진 양념에 계란 반쪽은 물론 맛깔스런 코다리가 올라와 있다. 시원한 배까지 추가 된다면 비단 위에 꽃을 두른 듯 하다. 거기에 식초와 겨자를 알맞게 토핑하고 설탕

한 스푼을 솔솔 뿌린다. 마지막으로 찬 육수를 면이 반쯤 잠길 정도로 부은 다음 면을 자르지 않은 상태에서 나무 젓가락으로 우악스럽게 한입 가득 먹으면 된다.

입맛 없는 여름 입안에는 침이 가득 솟구칠 정도로 매력적이긴 하지만 냉면은 언제나 양이 적다. 사리를 추가해도 그 헛헛함과 공허함을 채우기란 여간해서 쉽지 않고 또 냉면 한 그릇에서 느끼는 본연의 행복감을 만끽하기에는 못 미쳐 늘 아쉽다. 그래서 냉면과 공생 관계이기라도 하듯 나를 비롯한 냉면 마니아들은 왕만두를 함께 주문한다. 냉면의 찬 기운을 만두가 데워주기도 하고 냉면을 만두에 감아 함께 먹으면 행복감은 배가 된다.

그런데 여기에 놀랄만한 왕만두의 마케팅 비밀이 숨어 있다. 다소 치졸해 보일지는 몰라도 혹시 만두의 개수를 세어본 적이 있는가? 만두는 항상 홀수로만 등장한다.

처음엔 그려러니 했는데 관심을 가지고 지켜보니 정말 홀수로만 나왔다. 궁금한 것은 못 참고 뭔가 이유가 있을 것 같아 단골 냉면집의 사장님께 물어보았더니 홀수로 나가야만 아쉬움 속에 추가 주문이 이어진다는 것이다. 마지막 남은 만두를 보통은 나눠서 먹기도 하지만 포만감을 느끼기에는 다소 아쉬움이 남아 추가 주문을 많이 한다고 한다.

아는 만큼 보인다고 하듯이 대수롭지 않은 일상 어디에서든 보려고만 하면 마케팅의 비밀을 볼 수 있다. 솔직히 이를 찾아내는 재미 또한 쏠쏠하다.

입맛 없는 무더운 여름 속초 함흥 코다리 냉면과 홀수로 등장하는 왕만두를 강추한다. 본격적인 섭취에 앞서 홀수로 등장하는 만두를 보며 어떤 분야에 종사하던지 일상이 주는 소소함에 자극 받기를 희망한다.

# 사람을 다스리는 가장 섬세한 테크닉, 배려

경영학의 기원에 대해서는 정확한 출발점을 찾기 어렵다. 경영학의 학문적 시작점으로 고전적 경영 이론의 대표인 테일러와 포드를 손꼽지만 사실 그들은 2차 대전 이후의 산업화와 자본주의 발달에 따른 학문적 기초를 다진 정도에 지나지 않는다.

테일러는 사용자와 고용자 간의 분쟁 해결에 이론적 초점을 맞추었고 포드는 2차 세계대전 후의 대량생산 체제를 위한 컨베이어 시스템을 고안했다. 학문으로서의 기틀을 체계화하였지만 이들을 경영학의 모태라고 보기는 어렵다.

경영의 발상과 기원은 아마도 인류의 시작점이 아니었을까 생각한다. 타 생명체에 비해 그리 강하지 못한 인간이 생존하기 위해서는 뛰어난 지혜와 끊임없는 생존에의 변화가 필요했을 것이다. 그리고 매슬로우의 욕구 단계설에 근거하여 1차적인 생리적 욕구가 해결됨에 따라 사회적인 자존감과 함께 자아실현의 욕구가 강해졌으리라.

또한 문명의 발달과 함께 소유와 지배욕구는 상대적으로 높아졌을 것이다.

이것이 내가 인류의 시작점과 발달에 따라 경영학이 함께 진화 했으리라 생각하는 과정이다. 통제나 변화, 소유는 효과와 효율성을 높이는 경영학의 핵심이기 때문이다.

인류는 물욕을 채우거나 통제를 수반한 타인을 효과적으로 다스리기 위해 때론 폭력적인 전쟁 역시 서슴치 않았다.

그래서일까? 유독 경영학 이론에는 전략이니 전술, 원칙이란 단어가 많이 등장한다. 물론 고대의 병법서에도 지금과 같은 현대적 경영학의 원론과 같은 비슷한 개념들이 많다.

그렇다면 타인을 가장 효과적으로 다스리고 굴복시키는 방법은 무엇이 있을까? 물론 물리적 방법인 폭력일수도 있다. 하지만 효율성의 측면에서 볼 때 지속력이 길지 못하고 나 역시 어느 정도의 피해는 감수해야 한다. 중국의 병법가 손자도 싸우지 않고 이기는 것이 최고의 책략이라고 말한 것을 보면 폭력은 그리 좋은 방법이 아님이 분명하다.

따라서 싸우지 않고 상대방을 제압하는 가장 섬세한 테크닉은 배려라고 생각한다.

제압당한 상대방은 그 자체를 굴복으로 인지하지 못하기에 무섭고 향후에도 반항보다는 충성심으로 이어지는 경우가 많다. 하급 직원을 다스리는 방법 역시 배려처럼 무서운 책략은 없다.

포용력을 기반으로 한 한발 앞선 하급 직원에 대한 배려는 옴짝달싹 못하게 만드는 강한 올무와도 같다.

굴복시키고 싶은 누군가가 있는가? 미운 상대방을 나의 수하인 양 제압하고 싶은가? 그렇다면 경영학의 가장 섬세한 테크닉인 배려와 존중을 추천하고 싶다.

배려와 존중으로 제압당한 당신의 경쟁자이자 미운 상대는 당신이 없는 곳에서도 스스로 당신의 수호천사임을 자청하며 당신에게 종신토록 복종할 것이다.

# 알고 보면 정말 무서운 숫자 '11002'

**이** 숫자의 의미를 알겠는가? 뒤에서 얘기하겠지만 혹시라도 안다면 정말 무서운 숫자가 아닐 수 없다.

유년시절 안데르센의 '성냥팔이 소녀'를 읽으며 한참을 운 기억이 있다. 글로 접했음에도 또래나 동생 정도의 어린 아이가 겪는 고초가 감정 이입되어 무지하게 울었던 것 같다. 소녀는 추위를 이기고자 성냥불을 하나씩 켜며 가장 행복했던 시절을 떠올리고 즐거운 한 때를 회상한다. 그나마도 행복을 떠올리는 기억은 얼마되지 않는 성냥개비가 다 타들어가는 시간뿐이다.

그렇다면 과연? 이 가여운 성냥팔이 소녀는 왜 죽었을까? 아니 누가 죽였을까? 부끄럽지만 어른이 되서야 비로소 자문하게 된다.

이제 11002의 숫자의 비밀이 조금이나마 풀리는가? 알고 보면 무서운 숫자 '11002'는 바로 선진국 대열에 합류한 대한민국에서 1년 동안 무관심 속에 죽어간 우리 이웃들, 바로 그 사람들의 숫자이다. 정말 무섭다.

이젠 보릿고개도 없어지고 배불러서 안 먹지 배고파서 굶어 죽는 사람은 적어도 대한민국 내에서는 없을 줄 알았다. 경제 민주화와 정치의 투명성과 혁신을 외치는 중간에도 이렇듯 소외된 사람들이 많다는 사실에 어안이 벙벙할 뿐이다.

송파 세 모녀는 큰 딸의 만성질환과 어머니의 실직으로 월세 70만 원과 세상에 "죄송하다."라는 메모만을 남긴 채 그렇게 생을 마감했다. 정신지체 판정을 받은 아들은 세상에 구원의 손길을 요청하며 메모를 건넸지만 아무도 그 메모를 관심있게 본 사람이 없어 어머니의 시체를 방안에 그대로 방치한 채 몇 개월을 더 보내야만 했다. 기타 지금도 알려지지 않거나 모르고 있는 노인 고령화 문제는 더 많을지도 모른다. 오직 TV나 매체를 통해 알게 되는 뒤늦은 탄식뿐이다.

얼마 전 초딩 친구가 지인과의 대인관계에 대해 힘들어하며 어떻게 하면 좋을지 조언을 구해왔다. 솔직히 별 생각없이 괜히 스트레스 받지 말고 무관심으로 응대하라고 얘기했다. 생각해보니 참 무서운 말이었고 현대사회에서 잊혀지는 대중의 익명성이 이제는 작은 인간관계에서도 사회 문제가 되고 있었다.

사람마다 제각각인데 비교적 작은 공간인 미용실 내에서도 대중의 익명성은 존재하는 것 같다. 눈치 빠르고 선천적으로 외형적인 성격의 미용사는 동료들 사이에서 인기도 많고 일도 즐겁다. 하지만 그렇지 못한 미용사는 미용 본연의 일 이외에도 주변의 무관심한 듯 곱지 않은 시선과 늘 싸워야 하는 또 다른 스트레스와 긴장의 연속이다.

11002. 다소 거창하게 무엇을 시작하기보다는 이제부터라도 내 주변의 지인과 이웃을 향해 먼저 웃어주는 그런 관심이 필요할 때인 것 같다.

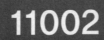

# 복면가왕의 원조 쇼팽

편견과 고정관념 타파를 외치며 꾸준히 두 자릿수 시청률을 보이고 있는 MBC 주말 예능 '복면가왕'이 인기다. 가수를 비롯해 개그맨, 탤런트, 배우 등 다양한 직업군의 눈에 익은 연예인들이 매회 경악에 가까운 놀라움을 선사한다.

'나는 가수다'에 첫 출연해 첫 번째 탈락의 고배를 마셨던 김연우는 '화생방실 클레오파트라'로 분해 레전드의 반열에 올랐고, 비주얼 일색으로 은근히 노래 실력이 폄하되었던 아이돌 스타들은 그들의 그룹명을 대중들의 뇌리에 각인시키기에 충분했다. 편견 없이 오직 노래 실력으로만 승부한다는 프로그램 취지에 걸맞게 매회 옥석들의 재발견을 보는 듯하다.

그렇다면 진짜 복면가왕의 원조는 누구일까? 결론부터 얘기하자면 바로 피아노의 시인 쇼팽이다. 헝가리 출신의 음악가 리스트와 쇼팽은 동시대를 살았던 거장이다. 리스트는 대중들의 사랑을 받는 이미 성공한 피아니스트였고 재능은 있었지만 인지도가 없었던 쇼팽은 대중들에게 그의 피아노 실력을 선보일 기회조차 갖지 못하였다. 무심코 버려진 악보를 연주하던 리스트는 경탄을 금치 못하였고 수소문 끝에 그가 연주한 곡의 작곡자가 쇼팽이라는 사실을 알게 된다. 리스트에게도 쇼팽은 역시 생소한 사람이었다. 이후 쇼팽의 음악과 연주에 깊이 매료된 리스트는 그의 콘서트 무대에 쇼팽을 올렸지만 번번히 청중들의 야유만 쏟아졌다.

"쇼팽이 누구야? 우리는 리스트의 피아노 연주를 듣기 위해 온 것이다."

그래도 쇼팽의 재능을 믿어 의심치 않았던 리스트는 이미 자책으로 음악적 포기 상태에 가까웠던 쇼팽과 대중들에게 마지막으로 색다른 콘서트를 제안한다. 리스트가 모든 조명을 끈 상태에서 피아노를 연주하겠다는 것이었다. 조명이 꺼지기 전 리스트가 청중에게 인사를 한다.

"지금까지 그 누구도 조명이 꺼진 상태에서 피아노를 연주한 적은 없었습니다. 제가 도전해 보겠습니다."

이후 조명이 꺼지고 어둠속에서 아름다운 선율이 연주되었다.

"역시 리스트야", "불을 끄고 들으니 연주가 훨씬 더 감미로워"

그렇게 어둠속에서 청중들은 훨씬 더 집중해서 연주를 들을 수 있었고 리스트를 칭송했다. 모든 연주가 끝이 나고 조명이 켜졌다. 감명받은 청중들은 누구 하나 할 것없이 기립박수를 치며 브라보를 외쳤다.

그런데…….

　무대에서 연주를 마치고 청중들의 박수 갈채를 받은 사람은 리스트가 아
닌 쇼팽이었다. 청중들이 비로소 쇼팽의 연주를 편견 없이 듣게 된 것이다.
이후 쇼팽은 즉흥환상곡, 야생곡으로 대표되는 녹턴을 통해 대중의 사랑을
한 몸에 받게 되고 지금까지도 피아노의 시인으로 칭송받는다.
　아무리 아니라고 부정을 해도 편견을 깨기란 여간 쉬운 일이 아니다. 아이
처럼 순수하게 편견과 고정관념 없이 세상을 보기엔 어른이 된 우리에게 정
보란 이름의 때가 묻은 건 아닐까? 최초의 복면가왕 쇼팽을 떠올리며 오늘도
편견 없는 일상이 되기를 소망한다. 그리고 편견 없이 쇼팽의 재능을 한 눈
에 알아 본 리스트에게 존경과 경의를 표한다.

# 바다는 언제나 옳다.

## 바다

흔히 자원의 보고이자 미래 성장의 원동력이라고 얘기한다. 아직까지 인간의 힘으로 개발된 바다는 전체의 1%도 안 된다고 한다. 바다의 나이, 자원의 정도는 물론 필리핀 근처에 위치한 마리아나 해구는 현존하는 장비와 기술로는 그 깊이를 알 수가 없다고 할 정도니 가히 우주 만큼이나 신비한 베일에 가려져 있다.

하지만 오늘은 바다에 관한 과학적 접근이나 경제적 가치를 논하고자 하는 것은 아니다. 바다는 그 단어 자체만으로도 설레이고, 바라보는 것 마저도 경외심을 일게 한다. 어린 시절부터 바다를 보고 자란 나는 유난히 바다를 좋아한다.

그래서일까? 내가 기억하는 바다는 언제나 옳았다. 상처를 치유하기에도 그리움을 달래는데도 바다는 그만이다. 그러다 서러움에 복받쳐 목놓아 울

라치면 바다만큼 듬직하게 받아주는 의리있는 친구도 없다. 과묵함을 넘어서 말 자체가 없기에 바다와 나눈 둘만의 비밀을 걱정하지 않아도 된다.

오랜 직장 생활을 청산하고 새롭게 사업을 시작하겠다고 마음 먹었을 때도 난 어김없이 바다로 향하고 있었다. 의욕만 있었지 실체가 없던 막막한 사업 초기에도 바다는 내게 든든한 응원군이 되어 용기 이상의 알 수 없는 오기마저 심어주었다. 그렇게 바다는 나의 치부였던 두려움을 용기로 바꿔주었다.

그 중에서도 가장 고마운 것을 꼽으라면 바다는 아들과 나를 맺어준 소중한 매개체라는 것이다. 아들 역시 바다를 좋아하고 수영을 잘해서 우린 바다와 더불어 금방 친해질 수 있었고 물장구치며 잠수를 할 때면 부자 이상의 끈끈한 정마저 느낄 수 있었다. 물론 아내와 한창 밀당하며 작업 걸 시기에도 바다는 1박 2일이란 기막힌 타이밍과 타이틀을 제공했다.

그렇다고 바다는 인자하신 외할머니 마냥 항상 정답게 구는 것만도 아니었다. 바다는 내게 소중한 친구 한 명과 친동생 이상의 동생을 앗아가기도 했다. 나 역시 몇 번의 죽을 고비를 넘긴 적도 있었다. 당시는 바다를 보며 원망도 많이 했지만 대자연의 엄중한 경고를 무시하는 나약한 인간에게는 언제나 현실을 직시하게 하고 겸허하게 만드는 힘이 바다에게 있다는 것을 깨달았다.

역발상 생각 근육을 키워야 한다는 일상의 반전을 꿈꾸는 중압감 때문일까? 괜히 센치해지는게 갑자기 바다가 보고 싶다. 나만의 처방전이라고 하기엔 너무 좋아서 일상에 치친 분들이라면 가까운 인천이라도 다녀오라고 말하고 싶다. 당신의 어떤 고민이나 말하지 못한 속앓이에도 충분한 치료제가 될수 있다.

그렇게 얻은 용기와 격려를 토대로 문제의 본질을 회피하지 않고 스스로 정면승부한다면 해결 못할 일은 없다고 생각한다. 어차피 문제의 키 역시 자신이 쥐고 있고 스스로 해결해야만 하기 때문이다.

"그렇게 바다는 나에게도 당신에게도 언제나 옳다……."

# 절대로 이길 수 없는 게임의 법칙

제로섬(Zerosum) 게임 이론이란?

게임 참가자가 제각기 선택하는 행동이 무엇이건 각 게임 참가자의 이득과 손실의 총합이 제로가 되는 게임이론을 말한다. 쉽게 얘기해서 가위바위보 게임을 둘이서 하다 보면 단기간에는 어느 한 사람의 승자가 발생하지만, 가위바위보의 횟수가 늘어나게 되면 결국은 이기는 횟수나 지는 횟수가 서로 비슷해진다는 얘기가 된다.

하지만 제로섬 게임 이론을 부정하는 절대로 이길 수 없는 게임의 룰이 존재한다. 이 룰은 부단한 노력을 한다 해도 아니 얄팍한 편법을 쓴다 해도 도무지 당해낼 수가 없다.

이제 초등학교 3학년이 된 아들을 보며 점점 친구 같아진다는 생각을 많이 한다. 남자라고 엄마의 잔소리에 대항하듯 아빠의 편을 들어줄 때면 제법 의리 있다는 생각마저 든다. 아들이 자람에 따라 유아틱한 1차원적 사고를 벗어나 관념적인 사고가 형성된 것이라고 봐도 무방하다. 그 증거로 과거에는 아들과의 장기나 바둑이 물리적 알까기 선에서만 그쳤다면 지금은 원칙적인 행마와 게임의 룰을 정확하게 따른다.

그래서 욕심부려 체스에도 도전하게 되었다. 체스의 명칭과 행마, 룰을 가르쳐 주고 그렇게 둘만의 체스를 하게 되었고 나 역시 깊이 빠져들어 무의미한 술자리 대신 아들과의 체스 한 판을 기다리기도 했다. 아직 채 10년을 살지 않은 아들이라 그런가 내가 아들을 파악하는 것에 비해 우리 아들은 아빠를 잘 모르는 것 같다.

나도 장기를 나의 아버지를 통해 처음 접하였다. 이후에는 호기심 발동에 의한 독학과 꾸준한 관심으로 장기나 바둑 실력이 아마추어 중에서도 나름 꽤 높은 수준에 도달해 있다. 체스는 우연한 기회에 시드니 셀던의 '게임의 여왕'을 읽던 중 구체적으로 알게 되었고 나중에 베르나르 베르베르의 소설 '뇌'를 보며 본격적으로 공부하였다. 원래 호기심 위주로 한 번 빠지게 되면 꽂히는 성격이라 체스 역시 금방 배울 수 있었다. 체스 자체가 생소해 주변에서 체스를 두는 사람이 많이 없어 단시간에 강자로 부상할 수 있었다.

그런데 아들과의 체스에서는 아직까지 한 번도 이겨본 적이 없다. 유난히 자존심이 센 아들은 자신의 퀸이나 룩과 같은 거물급이 아닌 나이트와 비숍만 잡혀도 금새 얼굴색이 변한다. 아니 어쩌다 폰만 고립시켜도 존댓말 같지 않은 신경질적인 말투다. 할 수 없이 외통수와도 같은 '체크 메이트'를 외치는 순간에도 빙빙 돌리다가 결국은 내가 지고 만다. 그럴때면 여지없이 양 볼에 보조개가 움푹 파일 정도로 표정이 밝아진다. 내심 나 조차도 그런 아들의 표정을 보며 비로소 안도한다.

지금 생각해보면 나 역시 어린 시절 아버지와의 장기에선 여지없이 승률 100%를 자랑하며 이긴 것 같다. 아버지께서도 그렇게 장군을 부르지 않으셨고 졌음에도 기분 좋으셨던 것이 분명하다. 이길 수 없는 절대적인 게임의 법칙이 존재한다면 그것은 바로 부자지 간의 게임이 아닐까?

아들은 이겨서 뿌듯하고 아버진 졌음에도 기분이 좋다. 아들이 지금보다 훨씬 커서 그 녀석 역시 이런 비밀을 안다 해도 나의 손자들에게 만큼은 이 절대적인 게임의 법칙을 따를 것이다.

그래서 우리는 이 승산 없는 게임의 법칙을 '사랑'이라고 부른다. 져줄 수 있음에 행복하지만 어느 순간 일부러 져준다는 사실을 알았을 때 오히려 외로울 수 있다.

산타클로스 할아버지가 존재하지 않는다는 사실을 알게 되는 순간부터 자식과의 외로움에 대해 철저히 대비해야 하지만, 산타클로스 할아버지가 존재하든 존재하지 않든 성인이 되어서도 여전히 크리스마스는 기다려지게 된다.

"아들 사랑해요."

# "경쟁자의 강점을 습관화하라!"

역사상 이름을 남긴 동시대의 위인들 중에는 유난히 라이벌들이 많다. 르네상스를 이끌었던 이탈리아의 화가이자 조각가였던 미켈란젤로는 거장 레오나르도 다빈치를 롤 모델로 꿈을 키웠고 미켈란젤로가 출전한 미술대전의 심사위원장이었던 레오나르도 다빈치는 다비드상을 보며 심한 질투를 느꼈다. 스스로 최고라고 자부했는데 미켈란젤로의 다비드상을 보고는 충격과 함께 자존심에 큰 상처를 받았다. 그렇게 명예회복을 위해 절치부심 탄생한 작품이 바로 세기의 걸작 '모나리자'이다.

비단 이탈리아가 아니더라도 근대 미국에도 경쟁 관계였던 2명의 위대한 과학자가 있었다. 바로 에디슨과 니콜라 테슬라이다. 에디슨은 GE의 창업자이자 축음기, 전구 등 수도 없이 많은 특허를 낸 발명가이다. 사실 여부의 진위를 알 수 없는 그의 유별난 호기심은 이미 초등학교 교과서에서부터 배웠다. 반면 에디슨 만큼 인지도가 높지 않은 니콜라 테슬라는 에디슨 전기 회사의 직원으로 에디슨 못지 않은 수많은 발명을 했다.

스티브 잡스 못지 않게 독선적이었던 에디슨은 자신이 발명한 교류 전류가 최고라고 했지만 테슬라는 교류 전류 방식은 큰 힘을 얻지 못한다 하여 직류 전류 방식을 택했다. 과연 테슬라의 직류 전류는 에디슨의 교류 전류에 비해 다양하게 쓰임이 많았고 지금의 전기 자동차 축전지 개발에 초석이 되기도 하였다.

　이에 모멸감을 느낀 에디슨은 자신의 교류 전류도 큰 힘을 얻을 수 있다며 발명하지 않아도 좋았을 발명품을 내놓았다. 바로 '사형전기의자'이다. 사형전기의자의 실험만으로도 이미 수없이 많은 동물들이 죽어나갔고 지금까지도 미국에서는 사형수의 사형 집행에 사용된다.

　악의적이지 않은 경쟁 구도는 새로운 자극과 동기부여를 통해 자신을 성장시킬 수 있지만 악의와 열등감에 사로잡힌 경쟁은 미움을 확대하여 상대방은 물론 자신까지 파괴해 종종 영광없는 상처만을 남기기도 한다.

　당신에게도 라이벌이 있는가? 그렇다면 그의 재능을 미워하기 전에 그의 장점을 본인의 습관으로 만들어 보아라. 아무리 미워도 그에게는 당신이 배워야 할 점이 한 가지 이상이 있다. 밉다고 그냥 지나쳐버린다면 당신의 피해의식까지 더해져 치명적인 독으로 작용할 것이다. 당신 자체의 재능에 라이벌의 좋은 습관까지 얹어져 당신의 경쟁 자체는 어느새 무의미해질 것이다.


　"살리에르는 평생에 걸쳐 모차르트를 질투하고 증오했지만, 그의 죽음 앞에서 가장 목 놓아 운 사람임을 기억해야 한다."

**역발상 생각 근육 49**

# "To quality or not to quantity!! That is question!!"

경제 활동을 하는 현대인이라면 누구나 매 순간 선택의 기로에 놓인다. 경제의 원리는 수요와 공급의 교차점에서 가격이 이루어지는 것 외에도 비교 우위에 의한 합리적 의사결정 곧 최적화된 선택을 이끌게도 한다. 그렇게 합리적인 의사결정과 최적화된 선택은 '균형'이란 이름으로 경제 원리를 완성하게 되는 것이다.

대학시절 2학기 중간고사가 끝난 교정에는 가을 바람과 함께 젊음의 축제가 이어지게 되는데 그때의 경제학과 대동제 또한 경제 원리의 상징과도 같은 '균형제'였다.

경제 원리에 입각한 합리적 의사결정과 선택 사이에는 반드시 양(Quantity)과 질(Quality)이라는 변수가 개입하게 된다. 굳이 어렵사리 말을 만들지 않더라도 점심 한 끼 때우려는 자장면을 앞에 두고서도 양과 질 사이에서 수없이 많은 고민과 번뇌를 반복한다.

아침을 걸러 배가 너무 고프니 질보다는 푸짐한 양에 승부를 볼까? 아니면

 140 역발상 생각근육 키우기

이왕 한 끼 먹는거 해물 가득한 삼선 자장으로 미련한 양보다는 질을 높일 것인가?

햄릿의 고민은 비단 셰익스피어의 고전에만 등장하는 것이 아니라 현대에도 이른바 '햄릿 증후군'이라는 결정 장애를 야기하고 있다. 양과 질의 선택에는 상황에 따라 호불호가 갈리지만 왠지 양보다 질의 선택은 없어 보이지 않고 스마트한 느낌이 드는게 사실이다.

그래서일까? 타인의 시선을 의식해서 양보다는 질을 많이 선택해 온 것도 사실이다. 왠지 있어 보였고 내 스스로 만든 이미지하고도 부합되는 것만 같았다. 그러나 어느 순간 연출된 이미지 내면 깊숙한 곳에는 사실 질보다는 양이 지배함을 알 수 있었다.

사진을 찍을 때도 같은 포즈의 사진을 여러 장 찍어 그 중 잘 나온 한 장을 선택했고 SNS를 통해 공개한 100여 편의 나의 졸작 칼럼 뒤에는 아직까지 공개하지 못한 100여 편 이상의 졸작들이 즐비하다.

완성도를 높이기 위한 이면에는 질이 아닌 양이 바탕이 되었음을 알 수 있었다.

겁이 많아 위축되어 보일 수도 있겠지만 앞으로도 질보다는 양으로 다듬고 다듬어서 조심스레 글을 올려볼 생각이다. 에디슨이 1,000개 이상의 특허를 냈음에도 인류가 기억하는 것은 한두 가지의 위대한 발명품인 것처럼… 바흐가 예배에 사용되는 곡을 매주 작곡하였지만 누구나 알법한 귀에 익은 명곡은 한두 곡뿐인 것처럼… 매월 선보이는 월간 윤종신의 노래 중 히트한 곡은 한두 곡뿐인 것처럼…….

이 책을 출간하게 된 계기가 바로 질보다는 양으로 모인 나의 스마트폰에 가득한 졸작 칼럼들이었다. 스마트한 질보다는 무던한 양으로 승부하며 나의 지인들과 팔로워분들을 만나고 있었다.

이 자리를 빌어 책으로 출간되게 해주신 모바일 팔로워 분들에게 감사함을 전합니다.

"고맙습니다."

역발상 생각 근육 50

# 비뚤어진 증오와 광기가 만나게 되면…

여자가 가장 아름다워 보일 때는 언제일까? 이견이 있을 수 있지만 아마도 결혼식 당일 입장을 앞둔 신부의 모습이 아닐까 생각한다. 우아한 자태의 순백 드레스에 황홀한 웨딩 마치까지 더해져 신부의 아름다움은 배가 된다.

생각해 보면 아들과의 씨름으로 억척스럽게 변한 지금의 아내 역시 적어도 결혼식 당일 만큼은 내눈에 가장 예뻤던 것으로 기억한다. 신부의 우아함을 한층 돋보이게 하는 웨딩 마치곡으로는 바로 제목과도 딱 맞아 떨어지는 바그너의 '혼례의 합창'이 지금까지도 가장 많은 결혼식장에서 울려 퍼진다.

주로 오페라를 많이 썼던 음악가 바그너는 독일 출신으로 '혼례의 합창', '탄호이저', '니벨룽겐의 반지' 등으로 유명하다. 그 중에 '니벨룽겐의 반지'는 영화 '반지의 제왕'의 모티브가 된 게르만 민족의 태생적 신화에 기반을 둔 오페라로 유명하다.

시작은 미약하다고 젊은 시절의 바그너 역시 그 재능에 비해 그리 크게 유명세를 떨치지 못했다. 그러다보니 극심한 생활고에 유대인 출신 사채업자에게 고리로 돈을 빌려 고통받게 되었다. 그렇게 바그너와 유대인과의 악연은 조심스럽게 시작되었다.

불운했던 바그너는 이미 당대에 유명세를 떨친 유대인 출신의 음악가 마이어베어를 찾았지만 매몰차게 거절당했고 사랑에 있어서도 혁명에 가담했다는 이유로 스위스 망명 시절 사랑했던 여자 역시 유대인 출신의 아내였다. 그러다보니 자연 바그너의 유대인을 향한 분노와 증오는 그 끝을 알 수 정도로 깊어졌다.

바그너 못지 않은 민족적 자긍심이 높았던 독일 출신의 히틀러 역시 유대인에 대한 증오가 남달랐다. 바그너의 '니벨룽겐의 반지' 공연을 보고 깊은 감명을 받은 히틀러는 바그너의 모든 음악을 찬양했고 그의 모든 음악을 공부하며 게르만 민족의 자긍심을 높였다. 그렇게 바그너의 삐뚤어진 증오와 히틀러의 광기는 불과 기름이 되어 만났다.

결혼식장에 아름답게 울려퍼진 바그너의 '혼례의 합창'은 불행히도 히틀러를 만나 유대인의 가스실 학살 전주곡으로 사용된 악마의 음악이 되었다. 지금 듣는 행복한 '혼례의 합창'이 당시에는 파블로프의 조건 반사가 되어 유대인 희생자들에게 그 공포감은 수십 배로 증폭되었을 것이다.

만약 바그너에게 비뚤어진 증오 대신 순수한 열정이 있었다면 어땠을까? 만약 히틀러의 광기가 아닌 건전한 철학이 동반된 애국심이 있었다면 어땠을까?

비단 현재에도 방법은 달라도 매순간 다른 경쟁자보다 나아지기 위해 순수한 열정이 아닌 비뚤어진 오기나 집착으로 본인 스스로를 채근하는 사람들이 많다. 어느 한 분야에서 이미 성공했거나 자수성가 했을지는 몰라도 언제든 제 2의 바그너나 제 2의 히틀러와 같은 괴물로 변할 수도 있을 것이다.

나에게 주어진 환경과 처한 세상을 있는 그대로 바라보자. 그렇게 혐오스러울 만큼 증오하거나 광기를 찾지 않아도 충분히 살아갈 만한 가치가 있다. 성경에도 나오듯 본인 스스로의 탐욕과 욕심에서 모든 불행은 비롯된다. 바그녀의 주옥같은 명곡들을 증오니 광기니 해서 그 무엇과도 결부시키지 않고 있는 그대로를 느껴보자. 비로소 단조의 부분에서는 장중함을, 장조의 부분에서는 더할 나위 없는 4박자의 행복감에 도취될 것이다.

# 식상함이 주는 소중함의 이율배반

## 12월 연말

연말이라는 단어 자체에서 참 많은 것을 느낄 수 있는 것 같다. 수험생에게는 결과를 떠나 수능이 주는 중압감에서 해방되는 달이고, 연인들에게는 크리스마스가 주는 행복감과 기대감으로 설레는 달이다. 또한 한 해를 마무리하고 새로운 한 해를 맞이하는 그야말로 끝과 시작이 동시에 교차하는 시기이다.

해마다 이맘때가 되면 가벼운 지인과의 인사 치레든 아님 위엄있는 장소에서 거론되는 격려사이건 거의 공통으로 시작되는 단어가 있다. 바로 '회자정리'이다. 한 해를 정리하는 의미에서 정말 많은 일들이 있었음에 누구나 쉽게 관용화된 어구인 양 '회자정리'란 표현을 많이 사용한다. 굳이 나같이 모든 일에 삐딱선을 타지 않는 누구라도 상당히 많이 접하는 터라 '회자정리'라는 표현 자체가 식상하게 느껴질 수 있다.

너무나 쉽게 접해서일까? 한자어임에도 살짝 라임마저 타는 것이 정감있는 순우리말로 들리기도 한다. '회자정리'라는 식상함이 주는 그 자체의 무료함이 싫으니 대체 단어를 떠올려보자. 풀어서야 무슨 의미인지 얘기할 수 있겠지만 대체 할만한 단어는 그리 쉽게 떠오르지 않는다. 한 해의 희노애락과 일련의 지나온 과정들을 한 마디로 표현하고 정의내릴만한 단어들이 없다.

　　바로 식상함이 주는 딱 떨어지는 표현이 아닐까 싶다. 그렇게 '회자정리'는 가장 완벽하게 딱 떨어지는 본인만의 옷을 입었음에도 식상함이라는 이유로 홀대 받는 것이 분명하다. 혹시 주변에서도 '회자정리'와 같이 반복적이고 식상하다는 이유로 홀대하고 있는 소중함은 없는가? 집에서는 도무지 교정되지 않는 나의 반복적인 실수에 대한 어머니와 아내의 애정 어린 충고가 잔소리란 식상함이 되기도 하고 미용실에선 나의 매출을 지원해주는 인턴들의 샴푸가 당연한 식상함이 되곤 한다. 마찬가지로 학교에선 학생들의 수업에 대한 관심 어린 경청이 영혼없는 리액션이란 식상함으로 치부되기도 한다. 생각해 보면 반복되는 소소한 일상들이 식상함으로 돌변해 감사함을 잃고 무심하게 지나치는 경우가 많은 것 같다.

　　2016년 나에게도 역시 많은 일들과 변화가 있었던 그야말로 회자정리의 순간이다. 한 해를 보내는 시점에서 '회자정리'와 같이 당연한 식상함이 주는 소중함을 떠올리며 감사함 으로 2017년을 맞이해야겠다.


　　"여보 아무리 그래도 당신의 애정어린 충고는 잔소리가 맞아… ㅋㅋ……."

# 결로현상

**결**혼을 하고 아기를 낳고 일과 집안일을 병행하게 되면서 자연스레 집 안일에 신경을 쓰게 되었다. 굳이 요리까지는 아니더라도 식후 설 거지와 음식물 쓰레기 배출 그리고 일주일에 한 번 있는 분리수거는 고스란히 내 몫이다. 아내와 맞벌이를 하면서 생긴 일종의 암묵적 유착이자 공생을 위 한 타협 내지 거래가 되었다.

그래서일까? 집안 곳곳을 세심히 들여다보지 않더라도 계절이 바뀔때 쯤이 면 은연중에 눈에 가시 박히듯 밟히는 고질적인 문제들이 있다. 봄에는 미세 먼지, 여름에는 습기, 가을에는 실내 건조 그리고 겨울엔 역시 결로현상이다.

결로현상이란 공기 중에 함유하고 있는 수증기가 온도의 변화에 의해 노점 온도 이하로 떨어지면서 액체로 변하여 이슬이 맺히는 현상을 말한다. 결로현 상이 심해지면 곰팡이 번식이 심해지기 때문에 건강에도 좋지 않고 특히 아이 들 천식을 유발하기도 해서 아이들 키우는 집에서는 반드시 신경써야 한다.

이런 결로현상이 흔히들 겨울철에만 발생한다고 알고 있지만 겨울에는 외부 온도가 낮아짐에 따라 실내 측에서 잘 발생하고 여름에는 외부의 고온 다습한 날씨의 영향으로 실내 측 저온에 의해 외측에서 발생하게 된다. 거주 형태가 실내 생활이 많다보니 여름보다는 겨울에 많이 보게 되는 것이다. 한 마디로 결로현상의 원인을 요약하자면 바로 실내와 실외의 온도 차이이다.

집안에서뿐만 아니라 사람 사이에서도 결로 현상은 계절의 구분없이 더 자주 발생하는 것 같다. 서로의 이해가 엇갈려 오해라는 또 다른 결로를 맺기도 한다.

그럼 결로현상을 예방하는 방법은 없을까? 창호 재질을 열전도율이 낮은 PVC 계열로 바꾸기도 하고 곰팡이 억제 도료를 사용하기도 한다지만 가장 손쉬운 방법은 창문과 창틀 사이에 손가락 한 마디 정도의 작은 틈을 내는 것이다. 그렇게 되면 외부의 냉기와 내부의 온기가 결합해 결로현상은 거짓말처럼 사라지게 된다.

마찬가지로 사람 사이에서의 냉각된 결로 현상도 '먼저 내려놓음'이라는 작은 틈을 내어 해결할 수 있다. 나만의 온도와 생각만을 일방적으로 고집할 것이 아니라 상대방의 온도와 생각을 맞추려는 딱 손가락 한 마디 정도의 '먼저 내려놓음'이 오해라는 결로를 해결할 수 있다.

결로현상으로 벽에 핀 곰팡이를 제거하다가 아내에게 또 딴 생각 한다고 한소리 들었지만 결로라는 소담한 일상이 주는 역발상 근육 키우기로 또 하나의 칼럼이 빛을 보게 되었다.

"결로야 고마워~"

# 프로크루스테스의 침대

"악법도 법이다."

– 소크라테스 –

법이란 사전적 의미로 질서를 유지하고 사회가 유지되기 위해 정의를 실현함을 직접 목적으로 하는 국가의 강제력을 수반하는 사회적 규범 또는 관습을 말한다. 따라서, 반드시 지켜져야 하고, 사회 구성원이 준수해야 하는 공동의 약속이다.

그렇다면, 소크라테스의 말처럼 악법도 법이니 그대로 따라야 하는 것인가? 아니면 악법은 말 그대로 악법이니 따르지 않아도 되는 것인가?

여기서 잠시 고대 그리스 신화 속에 등장하는 도둑 프로크루스테스에 대해 살펴보자. 프로크루스테스는 고대 그리스 신화에 나오는 끔찍한 산적이다. 프로크루스테스는 지나가는 나그네를 자기 집에 묵게 하고는 키가 작은 사람은 큰 침대에, 키가 큰 사람은 작은 침대에서 재웠다. 그리고나서 나그

네가 잠들게 되면 침대에 묶고 침대의 길이에 맞게 그들의 몸을 잡아 늘려 죽이거나 잘라내어 죽이고 그의 물건을 훔쳤다.

인과응보일까? 아니면 당연한 악인의 최후일까? 그렇게 끔찍한 일을 저질렀던 프로크루스테스 역시 그리스 신화에 함께 등장하는 테세우스에게 결국 똑같은 방법으로 죽임을 당하였다. 프로크로스테스의 키가 침대에 비해 매우 컸기 때문에 테세우스가 그의 목을 잘라 버렸던 것이다.

프로크루스테스의 침대란 바로 프로크루스테스 자신이 설정한 악마의 룰이다. 침대의 크기와 상관없이 결국은 나그네를 죽이기 위한 구실에 지나지 않는다.

이 글을 쓰는 지금 나 자신도 이 이야기를 곱씹으며 스스로를 반성하게 된다. 나란 놈은 느린거 싫어하고 답답한 거 싫어한다. 눈에 초점 없는 사람 싫어하고 착한 사람 싫어한다. 진취적인 사람 좋아하고 우유부단한 사람 싫어한다. 유머감각 또한 능력이라 생각해 재미있는 사람 좋아하고 재미없는 사람 싫어한다. 수동적인 사람보다는 능동적이고 적극적인 사람을 특히 좋아한다. 술 잘 마시는 사람 좋아하고 술 못하는 사람과는 더 이상의 사업 진전을 포기한다.

그렇게 나 스스로도 나만의 이기적인 잣대와 기준으로 프로크루스테스 침대 룰을 적용하여 나만의 인간 관계와 내가 정한 사업적인 당위성을 강요하고 있었다. 어쩌면 또 다른 형태의 갑질인지도 모르겠다. 직원 채용에 있어서도 내 기준으로 그렇게 모자란 부분 늘리고 남는 부분 자르더니 아예 싹도 비쳐지지 않는다면 시간 낭비다 치부하여 현실속에서 철저히 외면하기도 했다.

2016년에 종영된 박신양과 이진 탤런트들이 연기 공부를 하는 '배우학교'를 보며 많은 것을 느낀다. 유독 박신양의 교수법이 눈길을 끄는데 그는 자신의 생각을 주입하기에 앞서 배우들 자체의 역량과 내면의 진솔함을 끌어내는데 초점을 맞춘다. 모자란 부분을 늘리고 남는 부분을 잘라 정형화된 연기 패턴을 고집하는 것이 아니라 이진 배우들 자체의 감성과 왜 연기를 하려는지의 동기부여를 명확하게 설정하여 창의적이고 독보적인 연기 자체를 즐기게 한다.

나만의 프로크루스테스 침대를 설정하여 스스로 그 틀에 갇히기보다는 사고의 유연성을 통해 보다 넓은 세상 밖으로의 일탈이 지금 나에게는 꼭 필요한 시기인 것 같다. 당신 역시 프로크루스테스 원장님이라면 이번 기회에 안목을 넓혀 보는 기회가 되시길 기원한다.

"침대는 가구가 아니다. 결코 선입견의 잣대로 사용되어서는 안 되겠다."

# 과학에 대한 비과학의 논리적 접근 (어머니표 집밥)

**과**학적이라는 것은 논리적 추론에 의해 원인과 결과가 명확히 밝혀지는 것을 의미한다. 하나의 가설이 설정되면 그 가설을 뒷받침 할만한 증명이 한치의 오차도 없이 진행된다. 따라서 과학적이라고 하는 것은 모호한 과정들에 있어 객관적인 기준이 되고 척도가 되기도 한다. 보통 이런 것들을 우리는 '진리'라고 부른다.

하지만 이번 칼럼에서는 '어머니표 집밥'으로 과학에 대한 비논리적인 접근 방식으로 도전해 보고자 한다. 내가 자라고 성장한 강원도 속초는 푸른 동해를 접하고 있어 사시사철 해산물이 풍부하다. 유난히 해산물을 좋아하는 나의 입맛도 어린 시절 이런 영향에 기인하는 것 같다. 속초의 명물 먹거리 중에 하나가 바로 신선한 해산물과 얼음 가득한 시원한 물회이다. 지금은 속초가 고향이라도 관광객 마냥 일년에 두서너 번만 물회를 먹을 뿐 학창시절처럼 자주 먹지는 못한다.

우리 어머니만의 국물 가득 시원한 감칠맛이 나는 물회의 비결은 바로 빙초산이다. 과학적으로 빙초산은 섭씨 16℃ 이하에서 얼음과 같은 결정을 만들기 때문에 붙여진 합성 물질이다. 흔히들 식초라고 알고 있지만 과일이나 곡물을 발효하여 만든 식용 식초와는 달리 석유를 정제하여 만든 인공 유기 화합물이다.

이미 외국에서는 위험 물질로 분류돼 식품 제조 시 사용이 불가능하며 미국이나 유럽 등지에서는 순도 20% 이상의 빙초산을 독극물로 분류하고 사용량을 규제하기도 한다. 순도 99%의 빙초산은 피부화상, 안구장애, 질식위험을 비롯해 20~50g 정도 섭취 시 사망에도 이를 수 있는 위험 물질이다.

이렇게 유해하고 위험하기까지 한 빙초산은 적은 양으로 강한 신맛을 내기 때문에 원가절감이라는 명목하에 아직도 많은 식당들에서 사용된다. 물론 우리 어머니 역시 아직도 빙초산을 첨가해 우리 가족의 물회를 만드신다. 빙초산의 유해성에 대해 몇 번을 얘기해도 일반 식초로는 감칠맛을 낼 수 없다는 이유다.

빙초산의 위험성을 알고도 어머니표 물회는 나에게 거부할 수 없는 강한 유혹이다. 그리고 빙초산이 첨가된 물회를 먹고도 난 건강할뿐 아니라 그리움이 더해진 우리 어머니의 말없는 사랑을 느낀다. 나뿐만이 아니라 누구나 어머니표 집밥을 그리워 할 것이다.

오랜 기간 자취를 할때도 영양이나 칼로리에는 문제가 없지만 집밥을 먹는 사람과는 여러가지 건강적인 측면에서 차이를 보인다. 물론 검증되지 않은 비과학적인 나만의 견해이다. 이를 통해 비과학적인 접근을 해보건데 이 세상 모든 어머니표 집밥 레시피는 이성적인 과학적 접근 방식이 아니라 아들이 당신께서 정성들여 만든 음식을 먹고 기뻐할 감성적인 비과학적 접근 방식을 따르는 것 같다. 그렇게 어머니표 집밥에는 설명되지 않는 무한한 비밀이 숨어 있다.

그런 맹목적인 사랑이 빙초산의 유해성마저 무의미하게 만드는 원천일까?

입춘도 지난 완연한 봄이다. 봄에는 역시 우리 어머니표 미원 가득한 돋나물 물김치나 MSG 듬뿍 넣은 시원한 오징어국이 제격이다.

"우리 어머니 사랑합니다."

# 이세돌 vs 알파고

**같**은 제목, 같은 내용으로 저마다 선택된 매체만 달라질 뿐 반복적인 글들이 자고 일어나면 수없이 많은 SNS 친구들에 의해 올라와져 있다. 매순간 감사함을 느끼기에 앞서 이것 또한 현대인들이 겪는 문화적 공해라는 생각이 들었고 사실 조금씩 지치기도 한다.

타고난 삐딱함일까? 이런 반복된 일상이 싫어 3년 전 어느날부터 직접 글을 쓰게 되었다. 필부의 반항과도 같은 작은 움직임에 불특정 다수의 사람들이 반응하기 시작했고 나와 가까운 지인들은 응원 섞인 격려의 댓글로 용기를 불어 넣어주고 계신다.

아예 지금처럼 이런 소재로 글을 한번 써보라고 직접적인 언질을 주기도 한다. 이번 칼럼이 바로 지인이 주신 소재로 쓰게 된 경우다. 이 자리를 빌어 소재주신 분들께 감사함을 전하고 싶다.

"이세돌 vs 알파고"

인간이냐? 인간이 만든 인공지능 컴퓨터냐?의 바둑 대결은 비단 바둑을 모르는 사람들에게도 크나큰 관심을 끌며 전 세계로 생중계 되었다. 이미 체스나 장기는 컴퓨터에게 왕좌를 넘겨 준지 오래되었지만 바둑은 처음이었다. 경우의 수가 적은 체스나 장기에 비해 바둑돌이 놓여지는 가로와 세로의 19x19에는 우주의 원자수보다도 많은 경우의 수가 존재한다고 한다.

이를 근거로 경기 전 전문가들의 예측은 5:0으로 이세돌 사범님이 우세할 것이라 예상했지만 결과는 4:1의 압도적인 차이로 알파고가 이겼다. 결과만을 놓고 보았을 땐 바둑을 떠나 인간이 만든 인공지능 컴퓨터 앞에 인간이 무릎 꿇게 된 형국이었다.

솔직히 참담하기도 하고 영화 '터미네이터'에서 보여지는 상상하기 조차 싫은 스크린 속 가상 설정이 가까운 미래에 현실로 나타나는 것은 아닐까 하는 우려섞인 걱정 마저 앞선다.

이미 끝난 경기를 복기해 보자면 처음부터 인간과 인공지능 컴퓨터와의 대결이란 타이틀 자체가 어쩌면 잘못된 설정이었고 불공평했다고 볼 수 있다. 사람은 이세돌 사범님 한 사람이었지만 알파고는 2,300대의 슈퍼 컴퓨터가 모인 집합체였으므로 사람 1명 대 2,300대의 인공지능 슈퍼 컴퓨터가 대국을 벌인 것이다. 알파고 vs 이세돌 사범님을 포함한 고수 10명이면 얼추 비슷한 상황이었을 것이다.

그러니 이세돌 사범님이 거둔 1승은 정말 값진 승리가 아닐수 없다. 이세돌 사범님의 첫 패배는 그럴수 있다고 생각했으나 내리 2연패가 더해진 3연패는 이세돌 사범님 개인에게도 관전만 하던 인간에게도 적잖은 상실감을 가져왔을 것이다. 하지만 4국에서의 단 한 번뿐인 인 간의 승리는 짜릿함 이상의 안도를 가져왔다.

4국에서 이세돌 사범님은 어차피 승패를 떠났으므로 기존에 정석이라 불리던 인간 고수들의 관습을 파괴했다. 흑의 양돌이 나란히 놓인 빈공 간의 허를 찔러 백돌을 놓았고 알파고는 적잖이 당황하며 장고의 시간을 가졌다. 기존의 해설자들은 의아해하며 성급하게 이세돌 사범님의 실수라고 언급하기도 했다. 바로 그렇게 창의성이 아닌 인 간의 대국만을 연구하고 승리를 향한 경우의 수를 높였던 철옹성 알파고는 무너졌다. 지금 생각해도 통쾌한 신의 한수였다.

대국이 끝난 인터뷰에서 이세돌 사범님은 그 어느때보다도 부담감과 함께 1승에 대한 절실함이 컸다고 한다. 그리고 승리의 비결을 묻는 질문에는 특유의 천진난만한 미소로만 화답할 뿐이었다.

이세돌 사범님의 알파고 1승의 요인에 대해서는 아직도 전문가들 사이에서도 의견이 분분하지만 역시나 인간이 만든 인공 지능 컴퓨터에는 없는 것을 발견하게 되었다. 인공지능 컴퓨터는 인간이 만든 바둑의 룰을 흉내내고 인간보다 빠른 계산으로 정확한 경우의 수를 찾아낼 수는 있다. 하지만 바로 인간만이 가진 '오기'와 '창의성' 그리고 '인간미'는 절대로 흉내낼 수도, 가질 수도 없었다.

이세돌 사범님에게 3연패는 뒤를 돌아볼 수 없게 만든 배수의 진이었고 바둑 인생을 내건 자존심의 발로이자 승리를 향한 강한 '오기'였다. 이후 인간이 만든 고수들의 정석 자체를 무력하게 만든 알파고의 앞선 대국을 분석해볼 때 기존의 수읽기로는 절대로 이길 수 없다는 점을 간과하여 전혀 다른 방식의 '창의성'이 필요했다.

마지막 5국 대국을 끝내며 "이세돌이 진 것이지 인간이 진 것은 아니다."라는 '겸손'의 인간미는 인간과 컴퓨터의 대결 구도를 초월한 훈훈함이었다.

인 간의 '오기'와 '근성' 그리고 '창의성'에 대한 위대한 재발견이었고 승자만이 가질수 있었던 전리품과 같은 여유를 패자의 겸손함에서도 찾을수 있었다.

　바둑팬의 한 사람으로서 적잖은 부담감에도 바둑 자체를 즐기며 인간을 대
표로 알파고를 상대해 선전해 주신 이세돌 사범님께 감사함을 전합니다.

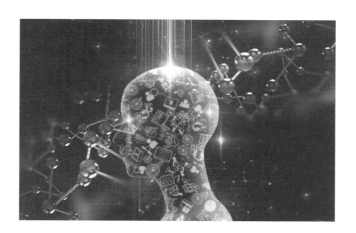

# 내부자들

이병헌의 파격 연기 변신과 백윤식, 조승우의 합작이 돋보였던 영화 '내부자들'이 천만 관객을 목전에 두고 막을 내렸다. 무삭제 감독판 버전 역시 세 간의 관심과 이목을 집중시키며 흥행 신화를 이어갔다. 웹툰에서 영화로 제작될 당시에도 파격적인 소재와 실제로 있을법한 부조리의 고발은 실화다 아니다를 놓고 말들이 많았다.

정말 영화 속에서나 있을 법한 일들이 2016년 말 '최순실 게이트'라 불리는 비선실세 국정논란 사태로 번져 온 나라를 들썩이게 하고 100만 명이 넘는 촛불이 매주 토요일 광화문을 밝혔다. 대통령의 국회 탄핵소추안은 가결됐고, 문화계 블랙리스트 파문이 현실화되어 현 장관이 구속되는 등 보고도 믿기지 않는 일들이 발생했다.

권력자는 가족과 지인을 멀리하라는 옛말이 떠오른다. 양날의 검과도 같이 조직 내부의 최측근 핵심 인력은 반대로 조직을 와해시키는 치명적인 약점이 되기도 한다.

하지만, 지금의 글은 골치 아픈 정치 얘기를 하려는 것은 아니다. 비단 사람 간의 조직과 일상을 떠나서라도 우리가 친숙하게 환상의 궁합이라 여기는 음식들에 대해 치명적인 내부 고발을 하고자 한다. 다음에 소개되는 상극인 음식들은 둘 사이의 환상적인 콜라보를 망친다.

### 1. 오이 vs 당근

당근의 베타카로틴이 오이의 비타민 C를 파괴한다. 이 둘은 족발 배달에 빠지지 않고 등장하는 동료애 이상을 발휘하지만 이제는 한 가지만 먹자.

### 2. 토마토 va 설탕

"토마토 농장 근처에는 병원이 없다."

민간에서의 만병통치약으로 불릴 정도로 몸에 좋은 토마토는 비타민 B가 열량 발생을 높이지만 설탕과 함께 섭취하면 그 효과를 잃는다.

### 3. 삼겹살 vs 소주

직장인의 피로와 스트레스를 나누는 둘도 없는 안식처이지만 지방과 알코올이 만나면 체내 지방이 축적되어 비만의 주된 요인이 된다.

### 4. 치킨 vs 맥주

축구와 함께 더할 나위 없는 환상의 궁합이지만 비만의 지름길이요 비만은 곧 각종 성인병의 원인이 된다.

### 5. 식빵 vs 잼

공복상태에서 주로 아침에 먹는 잼이 발린 토스트는 탄수화물의 포도당화를 촉진하여 혈당이 높아지고 당뇨병의 원인이 되기도 한다. 또한 지방을 저장하는 효소의 분비가 높아져 비만의 원인이 되기도 한다.

### 6. 콜라 vs 라면

개인적으로 가장 좋아하는 궁합이기도 하다. 하지만 콜라와 라면은 체내의 칼슘을 다량 방출시켜 치아와 뼈에 좋지 않은 영향을 미치며 골다공증을 유발하기도 한다.

### 7. 팥 vs 설탕

팥 고유의 사포닌 성분을 설탕이 파괴한다. 단팥죽의 단맛을 극대화하고 싶다면 설탕보다는 적당량의 소금을 강추한다.

### 8. 치즈 vs 땅콩

땅콩의 인 성분이 치즈의 칼슘 성분과 만나 체내 칼슘 흡수를 방해하는 인산칼슘을 생성한다.

### 9. 스테이크 vs 버터

동물성 지방과 콜레스테롤의 과잉 섭취로 다이어트의 주적이 되며 심혈관질환을 야기시킬 수 있다.

이렇듯 외관상으로는 너무도 화려해 보이는 조합들이 어쩌면 치명적인 내부의 적이 되어 돌아올 수 있다. 등잔 밑이 어둡다고 조직의 관리에 있어서도 오래되고 친근한 핵심 구성원이 홀대되어 라이벌 이상의 주적이 되는 경우는 허다하다.

식단을 조절하듯 오늘도 묵묵히 내 일을 성심성의껏 도와주는 내 사람에게 따뜻한 말 한마디를 건네보자. 그 동안의 오해나 서운함이 봄눈 녹듯 사라질 것이며 내부고발자가 되어 본인을 가장 힘들게 하는 '여우같은 곰' 한 마리가 사라지게 될 것이다.

\* 출처 : Daum 블로그 blog.daum.net/hairtail/11604738

# 헐리우드 대학교

트렌드 흐름 소비 패턴의 변화가 빠른 뷰티 산업에 종사한지도 어느 덧 18년째이다. 뷰티 경영의 중심에는 뷰티 살롱을 아우르는 현장에 답이 있다는 생각에 주로 미용실에서 미용 경영과 감성 마케팅을 집중적으로 분석하였다.

18년을 현장과 학교를 분주히 오갔지만 학교는 왠지 진부하고 보수적이라는 생각이 지배적이었다. 하지만 글로벌 경제속에서 하나의 부품처럼 보였던 학교는 이제 또 다른 시장 변화와 뷰티 산업을 넘어선 개혁에 앞장서고 있다는 생각이다. 수익성에 있어 다소 더딘 교육 비즈니스는 꾸준한 인력 인프라를 제공함과 동시에 메머드급 유통 시장으로까지 확대되고 있다.

건국대학교 산업대학원장님이신 최태부 교수님께 중국 관련된 일을 상의 드릴 겸 교수님 연구실을 방문하였고 교수님을 통해 논의가 아닌 실전 뷰티 경영학을 한 수 배운 느낌을 떨쳐 버릴 수 없었다. 게다가 나름 뷰티 비즈니스에 대해 자부하고 있었던 나였지만 일본의 '헐리우드 대학'의 이야기가 나왔을 땐 아예 무릎을 꿇을 수 밖에 없었다.

정말 부끄러웠다.


"일본의 '헐리우드 대학교'를 눈여겨 봐야 할 것 같아요"
"교수님 영화를 전문적으로 공부하는 대학인가요?"


나를 비롯해 아직까지도 헐리우드 대학교가 생소한 분들을 위해 헐리우드 대학에 대해 소개하고자 한다. 일본의 명품거리 롯본기에 위치한 헐리우드 대학은 뷰티 비즈니스와 뷰티 매니지먼트를 현대적이고 전문적으로 배울 수 있는 100년 이상된 대표적인 뷰티 경영 칼리지이다.

헐리우드 대학 橫澤利昌(요코자와 토시마사 교수님)의 인터뷰 내용을 토대로 헐리우드 대학에 대해 보다 상세히 알아보자.


Q1) "헐리우드 대학원 대학의 매력은 무엇입니까?"

A1) "저희 학교에서는 뷰티라는 말에서 상상되는 범위를 뛰어넘는 뷰티 비즈니스와 비즈니스 매니지먼트에 주력하고 있습니다. 경제 산업성에서도 발표한 내용이지만, 서비스업은 우리나라 GDP의 70%를 차지하는데에도 불구하고 생산성이 낮은 현상이 있습니다. 그렇기에 이 학교에서는 매니지먼트에 주력하는 것으로 서비스업을 강화하고, 교원과 실무가 함께하는 실천적인 교육을 행하고 있습니다.

서비스업을 활성화하기 위해 최전선에서 활약하고 계시는 경제산업성의 과장님이나 뷰티비즈니스 관련 회사의 사장님이 담당하시는 수업도 있습니다.

의사소통도 수월하게 이루어지고 있어 무언가를 결단한 후 실행하기까지의 시간이 짧은 것도 특징입니다. 이러한 부분들은 다른 대학에서는 좀처럼 볼 수 없는 특징이지요.

장래에 살롱 등을 경영하고 싶다는 강한 의지를 가진 유학생이 많은 것도 특징이지요. 그리고 유학생이라는 점과 더불어 나이가 신경쓰이는 학생도 많다고 하는데 저희 학교에서는 20대부터 60대에 이르는 학생들이 있기 때문에 나이는 신경 쓰지 말고 꼭 도전했으면 합니다.

**Q2)** "학생들은 주로 어떤 부분을 공부하게 되나요?"

**A2)** "여러분이 미용이라고 했을 때 상상하는 헤어메이크업, 에스테틱, 네일, 패션 등은 물론, 내면의 아름다움, 건강미, 생활스타일 등 광범위한 뷰티비즈니스를 배웁니다. 모델 코스라는 것도 있는데 기본적으로는 각각의 학생들이 관심을 가질 수 있는 것을 자유롭게 선택할 수 있습니다.

인턴십의 일환으로 실제로 미용실에서 경영을 해보는 실습 과정도 있습니다. 졸업하고 모국에 돌아간 후에도 인턴쉽에서의 경험을 토대로 일을 할 수 있기 때문에 이러한 실습은 상당히 의미가 있습니다.

졸업한 후에 대해서도 말씀드리자면, 미용 업계의 회사뿐만아니라 도쿄핸즈나 부동산 업계 관련 회사에 취업한 학생도 있습니다."

## 힐리우드 대학원·대학 핵심 포인트

Ⅰ. 서비스 산업의 전체의 매니지먼트를 배울 수 있다.

Ⅱ. 1기에서 현재에 이르기까지 시스템화된 모델케이스가 형성되어 있기 때문에 국제 사회를 지향하여 어떤 논문을 읽어야 할지도 지도 받을 수 있다.

Ⅲ. 뷰티비즈니스학회, 동아시아 경영관리학회 등을 개최한다.

Ⅳ. 정원은 한 학년에 20명인데 비율적으로 유학생이 많은 편이다. 연령대는 20대부
터 30대 정도(재학 중인 유학생의 국적은 중국, 대만, 한국, 베트남, 네팔, 스웨덴)

　개인적으로 좋은 정보 주신 최태부 교수님께 감사드리고 대학원 원우회 활
동에서도 보다 폭넓은 해외 탐방의 기회가 있었으면 하는 바람이다. 일본의
야마노 스쿨은 한국의 미용인들에게 많이 알려져 있지만 헐리우드 대학교에
대해서는 생소하거나 정보가 많이 부족하리라 생각한다.

　이번 기회에 미용경영에 관심있는 미용인들이라면 헐리우드 대학에 대해
서도 알아보는 시간이 되었으면 좋겠다.

# 월요병을 극복하는 방법

**빠**듯한 직장 생활을 한 번이라도 해본 사람이라면 고단한 평일 5일을 보내고 찾아온 꿀맛같은 찰나의 주말은 무엇과도 바꿀 수 없는 소중한 것이라는 사실에 공감할 것이다. 가뭄에 단비라도 만난 양 금요일 퇴근 시간 때부터 설렌다. 그 찰나의 간절함을 누구보다 잘 알기에 모자랐던 잠을 청하거나 지인과의 약속을 잡고 미룬 숙제하기라도 하는 양 가족과의 시간을 계획한다.

나 역시 주5일제를 시행했던 회사의 샐러리맨 시절 황금같은 주말은 언제나 절실했고 소중했던 것 같다. 그렇기에 늘 부족했고 아쉬웠던 것 같다. 그런데 이상한 건 꼭 직장 생활뿐만이 아니라 학창시절에도 일요일 아침에는 누가 깨우는 사람이 없는데도 습관처럼 일찍 눈을 뜬다는 것이다. 이제 초등학교 3학년이 된 아들마저 학교를 가지 않는 토요일과 일요일에는 일찍 일어나 나의 꿀맛같은 단잠을 깨우기 일쑤다.

그렇게 특별한 무언가를 하지 않아도 시간은 얄궂게 흘러 변함없는 월요일이 다가온다. 혹은 힐링과 재충전이라는 명분 아래 도심을 벗어난 가족여행을 마친 뒤에도 어김없이 월요일은 찾아온다.

하지만 주말 아침과는 달리 월요일 아침은 내 의지와는 이미 타협을 거부한 듯 눈이 떠지지 않고 몸은 천근만근 무겁다. 엎친데 겹친다고 비라도 오는 월요일 아침이라면 아찔한 출근 전쟁이 머릿속에 떠올라 다시금 이불섶을 찾아 나선다.

'월요병'이라는 말은 누가 이름 붙였는지 작명 하나는 기가 막히다. 통증이나 특별한 증상을 수반하지 않은 채 사람을 한없는 나락과 무기력으로 봉인한다.

15년의 회사 생활을 청산하고 어느덧 사업 4년차에 접어들었다. 솔직히 이 글을 쓰는 나에게 월요병이란 없다. 직장생활을 할 때는 남들과 다르지 않은 똑같은 5월 5일 어린이날에 에버랜드를 갔으며 그렇게 똑같이 주말을 보내고 월요일을 맞았다. 그렇게 똑같이 월요병에 시달렸고 월요일 오후부터 바이오 리듬이 찾아지는 일들이 15년간 반복됐다.

하지만 지금의 나에게 월요병이란 없다. 동시에 주말도 없어졌고 법정 공휴일은 나에게 무의미한 일상이 되었다. 나에게 월요병이 없는 건 오늘이 월요일이고 내일도 모레도 월요일이기 때문이다. 그래서 늘 주말임에도 조심스레 나를 찾는 클라이언트에 감사한다.

처음엔 서운해 하던 가족들도 이제는 이해해 주며 어느새 붐비지 않는 우리만의 휴일에 기뻐한다. 휴일에 회사에서 야근까지 해본 사람이라면 월요병은 사치일뿐이고 증상조차 느끼지 못한다. 사람이 기계도 아니고 바쁘게 일한 당신 주말엔 무조건 떠나라. 하지만 일상의 반복으로 생기는 몸의 습관과 기억을 거부하고 매순간을 월요일처럼 살아보자. 당신에게 월요일은 더 이상 무기력함이 아닌 활기찬 한주의 시작을 알리는 힘찬 하루가 될 것이다.

몸의 습관과 기억을 '몸의 항상성'이라 표현한다면 굳이 월요일을 그리 나쁘게만 기억시키지 말자. 좋은 기억 역시 반복된다면 월요일 아침은 얼마나 행복한 하루가 될 것인가? 습관처럼 수동적으로 일할 것이 아니라 일하기 전 매순간을 주말과 같은 좋은 에너지와 기운으로 계획한다면 그렇게 허무하게 월요병에 정복당하진 않을 것이다.

| 일 | 월 | 화 | 수 | 목 | 금 | 토 |
|---|---|---|---|---|---|---|
| 27 2/19 한정선.. | 28 경희대.. 서영대.. | 29 예지과에.. 열린사이.. | 30 최은주 Bir.. 강달수대.. 전자세금.. | 31 경희대.. 미래지식.. 건국대.. | 1 워너비애.. | 2 이원휘 Bir.. 춘천 출발 |
| 3 2/26 김보범 Bir.. 춘천 불.. | 4 Park Sun.. 서영대.. | 5 김석기 Bir.. 경혜은 Bir.. 울산교육 | 6 김동현 Bir.. 김성일 Bir.. 진혜어.. | 7 이정성 Bir.. 경희대.. 미래지식.. | 8 남구로역.. 성신여대.. | 9 김유진 Bir.. 동형 점.. |
| 10 3/4 이치백 Bir.. 할혜근 Bir.. 3차 대전 | 11 산동력 Bir.. 서영대.. | 12 소헌 생일 울산교육 | 13 Kim Nhie.. 김성택 Bir.. AK 불가.. | 14 경희대.. 미래지식.. 건대 항.. | 15 결혼 10.. 아민헤어.. | 16 원장춘 Bir.. 아민헤어.. |
| 17 3/11 민완식 Bir.. 창장산악.. | 18 취업반.. 서영대.. | 19 김토근 Bir.. 양소영 Bir.. 울산교육 | 20 Sia Min B.. 결혼 10.. 롯데백화.. | 21 건국대.. 경희대.. 미래지식.. | 22 김정원 Bir.. 전형기 Bir.. 한정아 Bir.. | 23 3/17 주토피아.. 미유신당.. |
| 24 3/18 흥성호 Bir.. 소현이.. | 25 최완규 Bir.. 최원규 Bir.. 서영대.. | 26 울산교육 상국지.. | 27 신윤미 Bir.. 우수진 Bir.. 이상미 Bir.. | 28 건국대.. 경희대.. 미래지식.. | 29 송희경 Bir.. 이민에이.. | 30 김면석 Bir.. 황현모 Bir.. 아민헤어.. |

# 즐기는 에디슨은 절대로 이길 수 없다.

토마스 앨바 에디슨.

　미국의 발명가이자 사업가로 세계에서 가장 많은 발명을 하였고 그의 이름으로 특허 받은 것만도 1,093개에 달한다. 후에 제너럴 일렉트릭(GE)을 설립하기도 한다. 초등학교 시절 그의 호기심에 관한 확인되지 않은 일화는 이미 신화가 되어 수많은 초등학생들의 꿈을 과학자나 발명가로 이끌기도 했다.

　전에 칼럼에서도 다룬 적이 있는 테슬라와의 경쟁은 단순히 지기 싫어하는 유아독존형의 또 다른 독설가로 비춰지기도 했다. 하지만 워낙 이룬 업적이 많기에 현대 문명과 과학에 관한 근대사에는 항상 빠지지 않고 거론되는 유명인사이다.

　오늘은 대다수가 알고 있는 그의 업적에 관한 내용이 아닌 지극히 개인적인 부분을 알아보고자 한다. 설사 그것이 에디슨 부부에 관한 일일지라도 말이다.

타계한 이후에도 최근까지 침대 광고의 모델로 등장하며 수면은 얼마나 오래 잤는가가 중요한 것이 아니라 짧게 자더라도 숙면을 취했느냐가 중요하다며 인류의 잠자리를 걱정하기도 한다. 그렇기에 본인은 하루 4시간만을 자도 충분하다고 얘기한다.

에디슨의 지극히 유명한 개인적인 일화가 하나 더 있다. 1년 365일 연구에만 몰두했던 에디슨은 연구 이외에는 잘하는 것이 별로 없었다. 늘 연구실에서 파묻혀 지내다시피 하자 그의 아내는 에디슨의 건강을 걱정했다. 보다못한 그의 아내가 얘기했다.

"내일부터 당신에게 일주일 간의 휴가를 줄테니 당신이 원하는 곳에서 마음껏 즐기고 하고 싶은 일 원없이 하고 돌아오세요."

에디슨은 뛸듯이 기뻐하며 여행 준비를 하였다. 다음날 에디슨은 여행에 필요한 취식 도구 등을 챙겨 여행을 떠났다. 에디슨의 여행지는 바로 그의 연구실이었다.

……

에디슨의 연구와 연구실은 그의 놀이였고 말 그대로 방해받지 않는 그만의 놀이터였다.

"천재는 노력하는 사람을 이길 수 없고 노력하는 사람은 즐기는 사람을 이길 수 없다."

인류가 흔히 말하는 에디슨의 위대한 업적 대부분이 발명을 위한 집착이 아닌 단순한 그의 즐김으로 탄생한 것들이다.

첫 번째 부인과 사별하고 두 번째 아내에게 독특한 방식의 프로포즈를 하기 위해서 에디슨은 그의 전신기를 이용한 모스부호를 사용했다고 한다. 아무리 좋은 미사여구를 동원해 포장한다고 해도 반복적인 일상과 일은 언제나 고단하다. 하지만 그것마저 즐기고 재미있어 한다면, 아니 그렇게라도 스스로 최면을 걸고 즐기려 한다면 적어도 당신 인생에서의 주인공인 당신 자신에게 조금은 덜 슬프지 않을까? 이것이 에디슨만의 성공 비결이고 역시나 즐기는 에디슨을 이길 수 없다.

요즘 미용실을 방문하다 보면 미용 경영을 재미없어 하는 미용실 원장님들이 많다. 미용실에 오기도 싫고 어디로 떠나고 싶다고 막연한 호소를 하기도 한다. 미용실이 오직 돈만을 벌어야 하는 생계의 장소가 되거나, 직원들의 꿈과 비전을 공유하며 성장하여야 할 장소가 아닌 치이고 부딪혀야 하는 치열한 생존을 위한 장소라고만 생각한다면 너무나 불행한 일이 아닐까 싶다.

그런 원장님들이라면 지금보다 더 힘든 시간을 경험하고 극복해서 이 자리에 있는 것이니 스스로의 자존감을 낮추지 말라고 말씀 드리고 싶다.


"지금 이 순간에도 열심히 고객 시술을 담당하고 계실 이 땅의 모든 미용인을 응원합니다. 으랏차차!!"

# MB의 가성비 높은 처세술

20 17년 2월 우리나라 18대 박근혜 대통령의 임기가 채 2년이 남지
않은 상황에서 헌법재판소의 탄핵 가부에 대한 판결을 기다리
고 있다. 예정대로라면 2017년 12월 20일 19대 대통령 선거를 마치고 2018
년 2월까지는 임기가 남았다 할지라도 사실상 대통령의 레임덕이 시작될
상황에서 국민들의 탄핵 여론이 증폭되고 있는 실정이다.

시작이 거창하였으나 앞에서도 말했듯이 딱딱하고 재미없는 정치적인 얘
기를 하려는 것은 아니다. 그렇다고 현 시점의 정치적 상황을 비관만 하거나
찬양할 것은 더더욱 아니다. 이번 칼럼은 경영학의 관점에서 바라본 대통령
의 처세술에 관한 얘기다.

그 주인공은 바로 2007년 미국발 서브프라임 모기지를 시작으로 급기야
2008년 리먼 브라더스의 몰락으로 이어진 제2의 IMF라 불린 총체적 난국속
에 등장한 온 국민의 경기 부흥에 대한 간절함과 갈망속에 추대된 17대 대통
령 MB이다.

개인적으로 MB는 그리 좋아하는 대통령도 아니고 지나간 그의 치적에 관해서도 사실 회의적이다 못해 부정적인 시각이다. 특히나 막대한 예산을 쏟아 붓고도 국론 분열과 부작용만을 야기시킨 MB의 주력 공약 사업인 '4대강 사업'에 있어서는 화가 나다 못해 망연자실해지기도 한다.

하지만 경영자 출신 대통령인 그만의 단편적이고 가성비 높은 외교 처세술 만큼은 배우고 싶다. 우리나라를 방문하는 다른 나라의 대통령은 국빈으로 분류되어 방한 일정을 마치고 귀국길에 선물을 주고 있다. 사대주의에 입각해서 우리나라만이 하는 관례가 아니라 국가별로 어느 정도는 통용되는 관례이다.

역대 대통령들은 우리나라의 유구한 문화 예술을 자랑이라도 하듯 도자기류를 타 국가 원수들에게 선물했다. 우리나라를 외국에 알리겠다는 자연스런 의전의 한 형식을 답습하여 그대로 따랐던 것 같다.

하지만 MB는 달랐다. 기업가 출신답게 SWOT 분석을 하여 시의적절하게 약점을 또 다른 기회요소로 삼았고 STP로 세분화해서 상대를 꿰뚫어 보았다. 그렇기에 우리나라 최대의 우방국인 미국의 조지 부시 대통령에게는 트레이닝복과 운동화를 선물하였고 스포츠 마니아인 오바마 대통령이 내한했을 때에는 태권도복을 선물하였다. 선물을 받은 두 대통령의 반응이 그 어떤 선물보다도 좋았다는 후문이다.

대통령과 같은 공직자는 공직자 윤리법과 대통령기록물관리법에 따라 미화 100달러 이상의 선물은 국고로 환수조치 된다. 따라서 우리나라 역대 대통령들이 선물했던 문화재급 도자기류는 언감생심 그림의 떡이 될 수 밖에 없다. 하지만 운동복과 운동화를 선물받은 조지 부시나 태권도복을 선물받은 오바마는 국고 환수가 아닌 지극히 개인적인 선물이 된 것이다. 적은 돈이었지만 신선한 기대를 높인 이른바 가성비 높은 처세술이다.

동전의 양면과도 같이 MB의 처세술은 이렇게 작은 곳에서는 가성비를 높였지만 4대강 사업과 같은 막대한 국책사업에는 자신의 치적을 쌓는데만 급급하여 기업가로서의 촉과 경험을 살리지 못한 것이 MB의 가장 큰 실책이다.

지금 MB는 기회의 땅이라 불리는 베트남에 새로운 사업을 구상 중인 것으로 또 다른 행보를 알렸다. 어디서 무엇을 하든 이젠 제발 자신의 이익만을 쫓지 말고 국민과 국익에도 도움되는 가성비 높은 처세술과 역발상을 발휘하기를 기대한다.

* 출처 : 네이버 블로그 k007103.blog.me/30084926974

# 내 슬픔을 등에 지고 가는 자

14 86년 이탈리아의 무모하리만치 잃을 것 없었던 한 항해사가 스페인 여왕을 접견한다. 그것도 인도를 찾아서 후추와 금을 내어줄테니 자신에게 투자하라는 허무맹랑한 소신을 밝혔다.

세계사 시간에 이 시기의 사람들은 지구가 평평하여 수평선 끝자락으로 가면 절벽 아래로 떨어진다고 생각했다고 배웠으나 사실이 아니다. 당시 유럽 사람들은 이미 지구는 둥글다는 사실도 알았고 그에 버금가는 항해술 또한 갖추고 있었다. 그렇게 이탈리아 출신 항해사 콜럼버스는 스페인 여왕 이사벨라를 알현했고 그의 무모한 항해 계획에 대해 일장연설을 했다.

극과 극은 통한다고 했던가? 정치적 야심이 컸던 이사벨라는 그 무모한 항해 계획에 동의하며 라 산타마리아호를 비롯해 200여 명의 선원들을 내어준다.

스페인 통합 왕국을 재건하기 이전 이미 그라나다를 함락했던 당찬 이사벨라 여왕이라 무슬람 세력과는 적대적일 수 밖에 없었다. 그래서 콜럼버스는 기존의 항로가 아닌 정반대의 뱃길을 선택할 수 밖에 없었다.

그렇게 3개월의 우여곡절 끝에 1492년 신대륙을 발견하게 되고 콜럼버스는 육지에 내려 스페인 깃발을 꽂으며 이사벨라 여왕의 영토임을 선포한다.

낯선 대륙을 밟은 콜럼버스는 당연히 인도라고 확신하며 하얀 얼굴에 철갑으로 무장한 이방인들을 신기하게 쳐다보는 원주민을 향해 말했다.

"Are you indian?"

말이 통할리 없는 원주민들은 멘붕상태에서 표정으로만 화답했고 그렇게 아이러니하게도 아메리카 대륙의 원주민들을 지금까지도 '인디언'이라고 부르고 있다.

인디언들은 하늘에서 내린 사람인 양 이방인들을 반겼으며 '내 슬픔을 등에 지고 가는 사람'이라고 불렀다. 침략자를 향해 어리석은 관대함을 베푼 무지의 순박함이다. 죽을 때까지도 콜럼버스는 아메리카 대륙을 모른 채 인도라고 확신했다고 한다.

세계사에 길이 남을 역사적인 발견임에도 인디언들의 순박함과 무지로 인해 많은 원주민들의 슬픔과 희생을 남겼다. 이후 본격적인 스페인 총독의 지휘 아래 자행되었던 약탈과 살인은 멕시코 인근의 마야 문명과 페루 인근의 잉카 제국을 철저히 파괴시켜 나갔다. 총과 균과 쇠로 무장되었던 소수의 이방인들을 피해 살아남은 원주민들은 그렇게 산속 깊숙이 숨어들게 되었다.

정복자의 무지로 인해 자신의 의지와는 상관없이 인디언으로 불렸던 원주민들은 침략자들을 '내 슬픔을 등에 지고 가는 자'라고 불렀다. '내 슬픔을 등에 지고 가는 자'는 인디언들의 말로 '친구'라고 한다. 지금 생각해도 '친구'라는 말의 의미를 정확히 해석한 느낌이다. 무언가 애잔하고 멀리 있어도 한결같은 든든함이 묻어 나오는 정겨운 말이다.

인디언들이 겪은 세계사에서의 잔혹사를 통해 '친구'의 소중함을 다시금 되새기게 된다. 미용실에서 근무하는 동안은 어쩌면 가족보다 더 많은 시간을 함께 일하는 동료들과 보내게 된다. 경력과 근속에 따라 직책이 있다고는 하지만 함께 일하는 동료는 직장 동료를 넘어 또 다른 가족이자 내 슬픔을 등에 지고 가는 자가 되기도 한다.

"오늘도 사랑합시다. 그리고 강희야! 무현아! 기원아! 우리도 소주 한잔 하자. 보고 싶다. 내 슬픔을 등에 지고 가는 자들이여~"

# 주·인·정·신

경영 컨설팅 사업을 하면 수많은 미용실 오너들을 대상으로 다양한 주제의 상담과 강연을 하게 된다. 매출, 마케팅, 세금, 개인채무 그리고 내부적인 직원문제까지 컨설팅의 상담 범위란 모기업의 CF에서처럼 '고객이 OK할 때'까지일 것이다.

그 중 오너들의 공통된 고민과 불만 중 하나가 바로 내 직원들에게는 '주인정신'이 없다는 것이다. 한 마디로 요즘 직원들은 이기적으로 제 실속만 차릴 뿐 애사심이나 어떠한 인정도 없다고 얘기한다.

말 그대로 주인정신이란 주인에게 요구되는 정신적, 행동적 측면의 사항인데 주인이 아닌 직원에게 그것을 강요하고 있지는 않은지 의문이 들기도 한다. 또한 그로 인해 열까지 받는다고 하니 일단은 결과를 떠나 주인정신이란 말 자체에 상당한 어폐가 있다고 생각한다.

물론 직원들 중에는 정말 내 사업장인 양 자발적인 참여의식이 높은 직원도 더러 있다. 하지만 아무리 열심히 한다 해도 '주인처럼'이지 역시나 주인은 아니다.

이제 초등학교 3학년이 된 아들 녀석은 우리 부부를 따라 마트를 나설 때면 장난감 코너에 들러 자신이 원하는 장난감을 집고서는 사달라고 조른다. 눈치가 빨해서 엄마의 강경한 거절 어조에는 포기가 빠르지만 아빠의 거절에는 조르기를 넘어 울기까지 한다.

여기서 의문점이 생기기 시작했다. 과연 9살배기 우리 아들은 아빠의 경제적인 상황을 고려해서 가난한 아빠를 생각해서 슬피 우는 것인가? 아니면 그동안의 학습으로 울고 떼써야만 장난감을 사준다는 것을 아는 것일까? 우문이지만 답은 역시 후자이다. 이렇듯 명확한 우문에 대해 많은 오너들이 주인정신 운운하며 상처를 받기도 한다.

직원들의 애사심과 주인정신에는 어느 정도 규모의 경제 원리가 작용하는 것 같다. 삼성과 같은 대기업군에 속하는 직원들의 애사심과 주인 정신은 '삼성맨'이라 불릴 정도로 상대적으로 높다. 그들은 삼성의 주인은 아니지만 자신의 일에는 주인공이라는 생각이 지배적이다. 따라서 직원들의 마인드 자체를 놓고 주인정신이라는 올가미에 가두고 오너 스스로가 주인정신에 갇히기보다는 직원들의 급여나 상여 그 밖에 시간에 관한 인센티브를 효율적으로 반영하는 것이 직원 관리에 있어 훨씬 효과적이고 생산성을 높일 수 있다.

금전적 계약과 근로 시간에 합의된 직원들에게 그 이상의 무엇을 강요하는 것이 아니라 목표 관리와 인센티브 제도를 통해 자발적인 참여의식을 높인다면 어느 순간 개개인의 직원들이 여러 명의 오너로 변신하게 될 것이다.

이제는 주인정신이란 말의 의미를 '주인'이 아닌 '주인공'으로 바꿔야 할 때인 것이다.

물론 아들의 장난감을 구입하는 과정에서 '밥을 잘 먹겠다.', '수학 학원을 열심히 다니겠다.' 등 아들과 순 간의 협상이 서로 오가게 되고 합의하에 아들의 손이 올려지는 경우가 많지만 아들의 이 같은 약속은 오래가지 않아 지켜지지 않는 경우가 대부분이다. 따라서 매월 목표 관리와 프로모션을 통해 구체적인 포상 방안을 제시하고 확인하는 것이 중요하다.

한 번 사는 인생 누구나 자신의 인생에서는 자기가 주인공일수밖에 없다. 사업장을 위한 맹목적인 주인의식보다는 자신을 위한 과정 속에 주인공의 스타성을 발휘하라고 교육하는 것이 효과적일 것이다. 아직까지 직원 각자의 주인정신으로 하나 되는 '가족 같은' 미용실 경영을 꿈꾸는 오너라면 언제든 맹욕적인 주인정신의 강요로 인해 '가~족같은' 미용실이 될 수 있음을 명심해야 할 것이다.

# 마지막 반복 구호가 주는 교훈

20 16년 8월의 여름. 기록적인 폭염이 전국을 강타했다. 덥다 못해 숨이 콱콱 막히고 높은 습도로 인해 짜증스럽기까지 하다.

유사한 일상을 살아가듯 사람마다 비슷해 해마다 여름이면 이런 무더위를 피해 휴가를 잡고 워터 파크나 해변 그리고 계곡을 찾아 떠난다. 또한 노출의 계절이다 보니 연초의 작심삼일 접었던 마음을 다잡고 다시금 피트니스를 찾아 운동에 매진하기도 한다.

나 역시 주 3일 출석을 목표로 어느덧 3년째 운동을 하고 있지만 땀 냄새 가득한 피트니스 센터에서 운동하는 다른 누군가를 바라볼때면 경외심을 넘어 존경의 시선으로 바라보게 된다. 빠듯한 일정의 직장인이 자투리 시간을 할애해 재미없는 기구와 자신의 체중을 이용해 자신과 싸우며 구슬땀을 흘리고 있는것이다.

역시나 "No pain, No gain"이다. 운동량에 비해 효율성이 극대화 되지 않는 것 같아 처음으로 PT를 시작했다. 나의 의지와도 직결된 문제이기도 하고 전문가의 도움을 받게 되면 체계적인 관리가 될 수 있을 것 같다는 생각에서였다.

역시나 혼자서 운동할 때는 힘들면 금방 포기하던 행위들이 개인 트레이너 앞에서는 무용지물이었다. 글을 쓰는 지금도 트레이너의 이 말이 가장 무섭다.

"하나만 더, 마지막 하나만 더……."

힘들지만 전문가의 도움으로 잘못된 운동 자세와 습관을 고칠 수 있었고 그렇게 근육량은 늘고 체지방은 줄게 되었다. 잘못된 나의 운동 상식과 습관은 오히려 독이 되어 내 몸만 괴롭히는 꼴이 되고 말았다.

정말 몸에 밴 습관과 머릿속에 고착된 관념은 무섭다. 체지방을 줄이고 근육량을 늘리는데 효과적이라며 개인 트레이너가 팔벌려 뛰기 30회를 시켰다.

남자라면 특별한 자세도 배울 필요없이 현역시절 유격훈련을 떠올리며 열심히 횟수 구호를 세며 30회를 채워 나가기 시작했다.

그런데 "아뿔사!!"

역시나 습관이 무섭다고 마지막 '30회' 반복 구호는 생략한 것이다. 순간 괜히 부끄러웠고 트레이너 역시 웃기 시작했다.

"남자 회원분들은 그렇게 다들 마지막 구호는 생략하시더라구요."

군 시절 빡센 유격 훈련의 강박이 20년이 훌쩍 지난 지금까지도 그렇게 올빼미적 습관을 만들었다. 그런 머쓱한 상황이 웃기기도 하고 내 앞에 트레이너를 보며 흡사 독사같은 조교의 모습을 떠올린 것은 아닌지 아직도 아이러니하다.

정말 한번 몸에 밴 습관이나 머릿속에 고착된 기억과 관념은 무섭다. 그렇다면 이제 좋은 기억들을 떠올리며 좋은 습관들을 몸에 배게 만들어보자. 나쁜 기억과 함께 좋은 기억 역시 좋은 습관으로 남게 될 것이다.

어릴 때부터 난 장난도 심했고 웃음도 많았다. 이런 낙천적인 천성으로 무엇이든 긍정적으로 생각한다. 따라서 어떤 상황에서든 긍정의 기억을 떠올리며 어떤 일이든 긍정적인 사고로 첫 매듭을 시작하는 걸로 내 습관을 만들어야겠다.

보편적인 일상을 긍정의 기운으로 꾸준히 반복하다 보면 저절로 좋은 습관이 생기게 된다. 좋은 습관을 만들기에 앞서 좋은 생각부터 시작하자.

"그래 나 PT하다 마지막 반복 구호 생략했다. 근데 그게 뭐? ㅋㅋ 좋은 생각하세요."

# '촉'을 가진 배트맨이 되어라.

유년시절 넋을 잃고 신기하게 보았던 외국계 애니메이션 선망의 영웅들이 최근에는 스크린 속 실사 공간으로 자주 등장한다.

미국의 메이저 영화 제작, 배급사이자 월트 디즈니 컴퍼니 자회사인 'Marvel'의 애니메이션 시리즈는 어른, 아이 할 것 없이 모두의 시선을 강탈한다. 현란한 액션씬과 막대한 돈과 물량을 쏟아부은 스펙터클한 CG 영상은 흡사 착각속에 실제 캐릭터 영웅이 된 듯 또 다른 카타르시스를 느끼기에 충분하다.

거미 인간이 되어 도심속 빌딩 사이를 날아들 듯 넘나들고, 몸 크기를 자유자재로 늘였다 줄였다 하며 개미들을 지배하기도 한다. 또한 방패 하나에 의지해 이름마저 손발 오그라지게 만드는 영웅은 자만심 가득한 미국의 상징처럼 느끼게 만들고 신화 속의 신까지도 등장하여 천둥을 지배하며 인간 세상을 구하기도 한다.

더 이상의 영화적 소재가 고갈이 되었는지 이제는 슈퍼 히어로끼리 편을 나누어 서로 싸우기도 한다. 엄청난 양의 스토리와 주제로 쉴 새 없이 속편과 시리즈가 만들어지지만 이는 더할 나위 없는 흥행 보증수표로 굳건히 자리매김했다. 물론 영화의 마지막 장면은 언제나 그렇듯 대의명분에 입각한 미국식 상투적인 사고와 해피엔딩으로 막을 내리게 된다. 어찌됐건 슈퍼 히어로마다 각자에게 부여받은 초능력과 전지전능함을 앞세워 인류를 구한다는 황당한 설정임에는 틀림이 없다.

수많은 캐릭터와 슈퍼 히어로들 가운데 가장 인간적인 주인공을 꼽으라면 '배트맨'이 아닐까 생각한다. 영화 속 배트맨은 흔히 말하는 재벌 2세로 별다른 능력없이 조커 일당에 맞서 인류와 대변되는 고담시를 지킨다. 뛰어난 능력의 다른 슈퍼 히어로에 비한다면 초능력도 없고 그렇다고 영생을 누리는 것도 아니다. 오직 눈을 가린 가면과 망토, 방탄 유니폼 그리고 아버지에게 물려 받은 유산으로 만들어진 현란한 자동차와 오토바이가 고작이다.

그래서일까 영화 속 다른 슈퍼 히어로에 비해 유독 시련이 많다. 'BAT MAN'이라는 이름에서도 알 수 있듯이 이는 '박쥐'에서 모티브를 얻었다.

박쥐는 날 수 있게 진화한 유일한 포유동물로 깜깜한 밤하늘을 날아다니는 식충성 박쥐들은 눈이 대단히 작고, 퇴화되어 빛을 겨우 느낄 정도의 시력만을 지니고 있다. 그러나 사람의 귀에는 들리지 않는 높은 초음파를 입이나 코(관박쥐)로 발사하여 반향되어 오는 신호를 귀(귀 내부의 달팽이관 속털세포)로 받아 이를 분석하여 주변을 볼 수 있다고 한다.

이처럼 박쥐는 자신에게 불리한 시각을 초음파로 극복하여 생존하고 있는 것이다. 사람에게도 사물을 인지할 수 있는 오감 능력이 있다. 그 증거로 위험이 닥쳤을 때 적을 더욱 또렷하게 보기 위해 본능적으로 동공이 확장 되기도 한다.

하지만 성공한 미용실 오너들에게는 그들만의 인간적 오감을 넘어선 박쥐의 초음파와도 같은 제3의 능력이 있는 것 같다. 냉철한 분석과 감성을 초월한 '촉'이 바로 그것이다.

그들의 사고는 일반적인 사고와는 다르며 위기를 맞고 대처하는 방식까지도 다르다. 그렇다고 어떤 공식이 있는 것도 아니다. 그냥 그들의 느낌과 감으로 불리는 '촉'에 의지해 판단하고 무모하게 실행하지만 대부분 결과가 좋다.

인간 고유의 인지 능력으로만 세상과 사물을 볼 것이 아니라 장기적인 불황기에는 현장에서 다져진 자신만의 '촉'을 세워야 한다. 그것이 불황을 타개하는 방법이며 단순한 현재의 수성이 또 다른 몰락이 될 수도 있음을 깨달아야 한다.

이러한 '촉'의 경험은 대부분 근거 없는 자신감에서 기인하는 경우가 많기 때문에 먼저 잃었던 자존감과 자신감을 회복시켜야 한다.

장기적인 '불황의 늪'을 타개하고 싶은가? 그렇다면 오감이 아닌 '촉'을 가진 배트맨이 되어라. 지금보다 훨씬 더 어려웠던 과거를 떠올리며 외롭게 싸워가며 몸으로 익힌 '촉'을 발휘하라.

당신만의 제 3의 성공 오너 감각 기관인 '촉'이 발휘된다면 어느 상황에서도 "폐경기는 있어도 불경기는 없을 것이다."

# 유재석의 장수 비결

## 국민 MC 유재석

딱히 개인기가 출중한 것도 아니고, 그렇다고 뼛속까지 개그맨이라 하기에는 그리 타고난 예능감이나 끼 또한 많지 않은 것 같다. 하지만, 명실상부 대한민국 최고의 MC라는 수식어가 아깝지 않을 만큼 전 국민의 사랑을 오랫동안 받아오고 있다. 그렇다면 그의 장수 비결은 과연 어디서 오는 것일까?

평소 유재석의 빅팬으로서 개인적인 모니터링 소감을 몇 자 적어보고자 한다.

**첫 번째 철저한 자기 관리이다.**

담배는 물론 술도 하지 않아 무한도전에서 보이는 운전씬의 경우에는 유재석이 도맡아 한다.

같은 무한도전 멤버였던 노홍철과 길은 순차적으로 음주운전으로 장수 인기 프로그램에서 자진 하차하는 고배를 마셔야 했다. 음주운전은 국민의 정서적 견해에 반하는 죄질이 좋지 않은 형사 사건으로 분류되어 방송계에서는 엄격히 다뤄지고 있는 사안이다. 알코올이 몸에 받지 않는 특이한 체질인지까지는 몰라도 어쨌든 유재석은 방송가에서도 술을 입에 대지 않는 연예인으로 유명하다.

또한, 최근의 방송 모습을 보면 과거의 빈약했던 체형과는 달리 은근(?) 근육질의 몸매를 선보인다. 무한도전 태국 해외 로케에서까지 헬스 클럽에서 런닝을 하는 모습이 카메라에 잡히기도 했다. 이렇듯 철저한 자기 관리와 건강 유지가 오랜 시간 프로그램을 유지하는 장수 비결이 아닐까 생각한다.

### 두 번째 안티팬이 없다.

유재석은 안티 팬이 없이 남녀노소 폭 넓은 팬덤을 형성하고 있다. 유재석의 진행 모습을 보면 게스트를 배려하려는 모습이 역력하다. 단순한 프로그램의 재미를 위해 게스트를 곤욕스럽게 만들거나 게스트의 약점을 이용하여 개그 소재로 삼지 않는다.

바로 이런 모습들은 프로그램 현장의 게스트들뿐만 아니라 카메라에 잡힌 시청자까지도 인지하여 그의 인품에 반하게 된다. 그러니 안티팬이 생길 수가 없다.

### 세 번째 프로그램 자체를 즐긴다.

무한도전의 어떤 인터뷰에서 그는 무한도전 멤버들 자체가 좋고 그들과 함께 상상 이상의 무모한 도전을 할 때가 정말 재밌다고 밝혔다.

멤버들 각각의 캐릭터를 발굴해내는 능력은 단연 최고이고, 그 속에서 그들과 즐기며 가식 없는 웃음을 선사한다. 능력있는 사람은 노력하는 사람을 이길 수 없고, 노력하는 사람은 즐기는 사람을 이길 수 없다고 했는데 역시나 유재석은 즐기고 있었다.

### 네 번째 스트레스마저 즐기다.

유재석 역시 어린 시절부터 방송가에서 잔뼈가 굵은 베테랑이기에 그에게도 시청률은 간과할 수 없는 중요한 부분이다. 아무리 좋은 동료가 모였어도 시청자들에게 외면 받는 재미없는 예능 프로그램은 자연스럽게 채널이 돌아갈 수밖에 없고 그렇게 되면 곧 프로그램 자체가 없어지게 된다.

그의 인터뷰에서도 밝혔듯 좋은 동료들과 오랫동안 프로그램을 함께 하기 위해서라도 시청률이 나와야 하기 때문에 김태호 PD와 함께 전 멤버가 아이디어 회의를 하며 매 회 색다른 재미를 선사한다.

### 다섯 번째 각종 경조사에 참석한다.

대한민국에서 가장 바쁜 연예인 중에 한 사람인 유재석은 바쁜 스케줄에도 불구하고 동료와 지인들의 경조사에 잘 빠지는 법이 없다고 한다. 또한 가장 많은 축의금과 조의금을 낸다고 한다. 그렇다고 인맥을 이용하는 것은 아니지만 그의 이런 의리에 감동한 방송가의 동료들은 유재석의 한결같은 모습에 감동하며 엄지척에 주저함이 없다.

또한 세월호와 같은 전 국민적인 슬픔 앞에서는 몰래 기부하는 선행을 베풀기도 한다.

지금까지 국민 MC 유재석의 장수 비결을 빅팬으로서 나름대로의 정리를 해보았다. 감동만 받고 끝낼 것이 아니라 분야는 다를지라도 유재석의 이런 좋은 모습들을 미용 경영자로 벤치마킹 해보자. 철저한 자기 관리와 운동으로 살롱 내에서 가장 파이팅한 모습을 보이고, 클레임 없는 시술 관리와 폭

넓은 고객 인지로 고객수를 확보하자.

미용은 사람의 모발을 아름답게 스타일링하고 연출하는 것이므로 본인부터 아름답게 가꾸고 그 자체를 즐겨야 한다. 또한, 감성에 이성적인 측면을 더해 항상 수치적인 매출 목표를 상기해야 하며, 직원의 경조사는 물론 알파 고객의 경조사에 참석하여 흔들림 없는 인맥을 확보하여야 한다.

특히나 유효 고객의 동선은 미용실을 중심으로 반경 1km 내에서 유동 흐름이 많기 때문에 굳이 고객이 아니더라도 이웃 사촌이 되며, 같은 학부형이 될 가능성이 높게 나타난다.

어떤 직업이든 한 분야에서 두각을 나타내는 사람들을 보면 그 나름의 합당한 이유가 반드시 있는 것 같다.

역발상 생각 근육 키우기를 통해 나의 지인과 인맥을 미용인으로만 한정할 것이 아니라 더욱 도약하는 경영인이 되기를 기원한다.

* 출처 : 네이버 블로그 blog.naver.com/nkkwon0116/220582408236

# 펭귄의 허들링

## 남극의 신사 펭귄

작은 체구의 뒤뚱뒤뚱 걷는 모습과 하얀 배, 까만 등으로 모습 또한 서로 비슷한 펭귄은 펭귄과에 딸린 새를 통틀어 일컫는다. 펭귄의 몸길이는 40cm 정도의 작은 것에서 120cm 가량의 큰 것까지 여러 종류가 있다. 지느러미처럼 생긴 날개가 있지만 퇴화되어 날지는 못하고 사람처럼 곧게 설 수 있다.

몸은 다른 조류와 구조가 같다. 깃털은 짧고 촘촘하며 몸 전체를 덮고 있다. 꼬리와 다리는 매우 짧고 다리는 몸 뒤쪽에 있으며 곧게 서서 걷는다. 몸 색깔은 등 쪽이 검은색이고 배 쪽은 흰색이다. 발가락 사이에 물갈퀴가 있어 헤엄칠 때 편리하다. 지느러미 모양의 날개로 잠수하여 어류와 동물 플랑크톤, 오징어류를 잡아먹는다.

펭귄은 무리를 지어 생활한다. 특히 새끼가 성장하면 새끼들만의 집단을 만드는 특성이 있다. 이는 추위나 큰도둑갈매기 같은 적으로부터 새끼를 보호하려는 것이다. 어미새는 새끼 집단에 와서 울음소리로 자신의 새끼를 찾아내어 먹이를 준다.

굳이 생물학적 학명에 따른 특징들을 설명하지 않더라도 유아기 아기들에게는 뽀로로의 캐릭터인 뽀통령으로 불리며 우리나라를 넘어선 글로벌 스타로 주목받으며 사람들에게 친숙한 동물이다.

하지만, 최근 여러 가지 이유들로 개체수가 급속하게 감소하고 있다는 안타까운 보도들이 속속 들려온다. 펭귄의 개체수 감소의 대표적인 원인으로는 아이러니하게도 빙하와 추위라고 한다. 2016년 2월 B09B라는 면적 2,900㎢(경기도 면적의 1/3크기)의 빙하가 바다를 가로 막아 15만 마리가 집단 떼죽음을 당했다고 한다. 빙하가 너무 넓게 분포되어 있어서 아장아장 걷는 펭귄의 보폭으로는 바다까지 도달도 못해보고 굶어 죽게 된 자연의 재앙이다. 또한 추운 지역에만 서식하는 철새라고는 하지만 영하 50도 이상의 남극에서는 무리에서 이탈한 펭귄이 얼어 죽기도 한다고 한다.

그래서 그들만의 자구적인 생존 노력들이 바로 허들링이다. 생존을 위한 본능으로 만들어진 펭귄의 허들링은 무리가 원을 그려 촘촘이 모여선 후 안팎으로 날개짓을 하며 서로의 체온으로 추위를 이겨낸다고 한다. 펭귄 원의 안과 밖은 10도 이상의 차이가 나게 되고 안쪽의 펭귄과 바깥쪽의 펭귄들이 서로 서로 자리를 이동해 가며 허들링을 한다고 한다. 추위에 약한 새끼들은 어미 펭귄들의 발등 위에 올려놓고 새끼들을 보호한다고 한다. 정말 눈물겨운 부성애이자 동료에 대한 협동과 배려심이 아닐 수 없다.

미용실 매출 신장에 있어 직원들의 낮은 이직률은 매출을 올릴 수 있는 가장 좋은 전략이 된다. 직원들이 비전을 느끼고 오래 근무하게 되면 자연 고객들의 재방문율이 높아지게 되고 살롱의 생산성 역시 향상되게 된다. 따라서, 최근의 미용실은 직원들의 복리후생이 경쟁력이 될 만큼 타 미용실과의 차별화를 위한 다양한 인센티브 급여제도와 높은 수당을 책정하고 있다.

그런데 직원들의 이직률은 반드시 높은 급여에만 낮게 반영되지 않는다. 동료 간 배려심 부족, 이기적인 행동들과 과도한 경쟁들이 직원들의 이직률을 높이는 경우가 허다하다.

미용은 사람을 아름답게 한다는 면에 있어서는 상당히 매력적인 직업이고 상당부분 공감하지만 체력적으로 뒷받침 되어야 하는 힘든 직업임에 틀림없다. 따라서, 펭귄의 허들링을 통해 서로 먼저 배려하고 아껴주는 동료애가 조직애로 발전되어야 한다.

"펭귄의 허들링을 기억하라!!"

오너는 서로 배려하는 환경을 만들자. 그리고 직원들은 먼저 실천하자. 직원들의 낮은 이직률이 곧 살롱의 생산성으로 이어지게 되는 놀라운 기적을 경험하게 될 것이다.

# Smoking Gun

2017 최순실 비선실세 국정농단 사태를 TV로 지켜보며 가장 많이 듣는 말 중에 하나가 바로 '스모킹 건(Smoking Gun)'이다. 스모킹 건은 직역하면 "연기 나는 총"이란 뜻으로 범죄 또는 특정 행위나 현상에 대한 결정적인 증거라는 의미로 쓰이는 말이다. 바로 최순실의 개인 태블릿 PC를 가리킨다. 탄환이 발사된 총구에서 연기가 피어오르는 장면을 포착하는 순간, 총을 들고 있는 사람이 살해범으로 확실시되기 때문이다.

스모킹 건이라는 말은 아서 코난 도일이 쓴 소설인 셜록 홈즈 시리즈 〈글로리아 스코트호(The Gloria Scott, 1893년 작)〉에서 유래된다. 이 작품에서는 '스모킹 건'(Smoking Gun)이라는 표현 대신 '연기가 피어오르는 권총(smoking pistol)'이라는 표현이 사용되었는데, 그 말이 후에 '스모킹 건'으로 바뀌어 널리 사용되고 있다.

여러 경영 컨설턴트가 미용 경영 컨설팅을 하기 전 아마도 가장 먼저 하는 작업이 바로 매장을 중심으로 한 로케이션 파악과 상담일 것이다. 주변 부동산을 통해 인근 아파트의 매매가와 전·월세가를 파악하고 1차적인 주변 정보와 객단가를 산정한다.

이후 오너와의 상담을 통해 경영 컨설팅의 필요성과 문제를 경청하게 되고, 객관적인 실태 파악을 위해 문진법을 활용하기도 한다. 이때 절대 간과해서는 안될 것이 바로 오너가 가진 심리 분석이다.

또한, 직원들의 1:1 심층 상담을 통해 직원들의 성향은 물론 문제점을 정밀 진단하게 된다. 경영 컨설턴트마다 차이가 있으나 이때 난 주로 사람의 말보다는 적어도 6개월치 이상의 매출 자료를 근거로 질문을 하는 경우가 많다.

사람마다 차이는 있어도 경영 컨설턴트들이 사용하는 방법들이 바로 매장 내의 매출을 하락시키는 결정적 요인인 '스모킹 건'을 찾으려는 것이다. 장기도 옆에서 훈수 두는 사람들이 잘 둔다고 실제로 오랫동안 미용실을 운영하는 오너들에게는 보이지 않는 문제점들이 경영 컨설턴트들에게는 하나둘씩 보이게 된다.

스모킹 건의 대표적인 예는 일은 적게 하고 매출은 올려 인센티브 급여를 받으려는 무분별한 선불권 티켓팅과 오너의 권위적인 태도에서 벌어지는 기술적인 견해 차이, 프로 근성 없는 직원들의 근무 태도와 무성의한 접객 서비스 등이다.

비단 위에서 열거한 스모킹 건 외에도 미용은 결국 사람이 사람을 상대하는 직업이므로 일일이 열거하지 못하는 일들이 허다하게 발생하게 된다. 너무나 복잡다단한 일들이 많아 자조 섞인 나만의 목소리로 세상의 모든 경영을 미용실에 배우라고 책을 쓰기까지 했다.

미용실의 규모가 크던 작던 오너는 그 미용실을 대표하는 CEO(Chief Executive Officer)가 된다. CEO는 매장 내에서 발생하는 모든 결정 사안에 대해 의

사결정을 하게 되고, 책임을 진다. 다시 말해 책임도 결정도 고스란히 오너의 몫이라는 것이다.

하지만, 반대로 오너가 중심이 없고 경영에 자신감이 없는 상태 그대로를 직원들에게 내비치는 것 자체가 바로 미용실의 매출 하락과 쇠퇴를 가져오는 결정적인 'Smoking Gun of Smoking Gun'이 된다.

최순실은 특검에서 내놓은 결정적인 스모킹 건(두 대의 태블릿 PC)을 눈앞에 두고서도 국민들 앞에서 강압 수사니 억울하다느니 발뺌을 한다.

"미용실 경영과 직원들에게 지쳐 습관처럼 미용을 포기하고 싶다고 얘기하는 원장님들 최순실처럼 뻔뻔해지세요. 거기서부터 미용실 경영은 출발합니다. 자~ 출발!!"

# 권투 선수들이 글러브를 착용하는 이유

퀴즈를 하나 내볼까 한다.

상대방을 제압함으로써 승리할 수 있는 치열한 승부의 세계인 스포츠 경기 중에서 선수 자신을 가장 먼저 생각하고 보호하는 인간적인 스포츠는 무엇일까?

비단 스포츠는 맹목적인 승부만을 가리기보다는 여러 가지 예의와 상대방에 대한 존중을 함께 배우는 것이 포함된다. 경기 시작 전에는 먼저 인사를 하고, 경기가 끝난 후에는 승부를 떠나 상대방에게 다가가 격려하기도 한다. 그것이 비록 격투기 종목이라 할지라도 말이다.

개인적인 생각이지만 다양한 스포츠 경기 중에서 선수 자신을 가장 먼저 생각하고 보호하는 양심적인 스포츠는 바로 '권투'라고 생각한다. 사각의 링에서 거친 숨소리와 오직 상대방을 쓰러뜨리기 위해 땀으로 흠뻑 젖은 투혼의 복서들. 자칫 생명의 위협마저 무릅쓰는 복서의 모습을 떠올리면 쉽게 이해가 되지 않으리라 생각한다. 하지만, 다시 생각해 보아도 선수 자신을 가장 먼저 생각하고 보호하는 스포츠는 권투가 맞는 것 같다.

언뜻 이해가 가지 않는다면 여기서 두 번째 퀴즈를 내보려 한다.

만약, 권투 글러브를 착용한 선수와 맨 손의 선수가 권투 시합을 할 경우 누가 이길까? 정답은 권투 글러브를 착용한 선수이다. 쉽게 생각해보면 맨 손의 선수가 상대편 선수에게 훨씬 더 큰 충격과 상해를 입힐 것 같지만, 사람의 얼굴뼈와 두 개골은 생각보다 강해서 펀치가 강하면 강할수록 펀치를 날린 선수의 손뼈가 먼저 골절되고 만다. 그렇기 때문에 맨 손의 선수는 12R 의 경기까지 가보지도 못하고 경기를 중단해야 할 것이다.

그렇다. 권투 시합에서 복서들이 글러브를 착용하는 이유는 상대방의 피해를 최소화하기 위함이 아니라 먼저 선수 자신들을 보호하기 장치인 것이다. 보통 복서들은 권투 시합에 앞서 글러브 속에 압박 붕대를 감아 고정하고 그 위에 두툼한 글러브를 착용한다. 이유는 앞에서 말한 바와 같이 권투 선수 자신을 보호하기 위함이다.

얄팍한 꼼수로 상대방에게 더 큰 타격을 준다고 맨 손으로 권투 경기를 할 경우 대부분은 맨 손의 선수가 먼저 다치게 되는 것이다. 권투 본연의 스포츠 정신은 상대방을 무조건 쓰러뜨리는 야만적인 경기가 아님을 다시금 생각하게 된다.

이젠 뷰티 살롱에서도 권투선수들처럼 미용사 자신을 먼저 보호하는 장치들을 생각해 보자.

인간은 본능적으로 먹고 사는 1차적인 의·식·주가 해결이 되면 본연의 아름다움을 추구하게 된다. 그렇기에 뷰티 산업은 경제 성장과 함께 정비례하는 테크놀로지 산업이다.

미용사의 주된 업무 역시 사람의 용모를 아름답게 해주는 일이고 변화의 작업이다. 이를 위해 펌을 하고 염색을 하게 된다. 또한 아름다운 머릿결을 위한 모발 크리닉은 어느새 미용사의 구차한 옵션이 아닌 단독 상품이 되기도 하였다. 가장 적은 돈을 들여 가장 빠른 변화에 고객은 만족감을 얻고, 이를 바라보는 미용사는 뿌듯해하며 남모를 성취감에 젖기도 한다. 다시 생각해도 미용사는 정말 멋진 직업이다.

하지만, 화려한 이면에 가려진 미용사들의 손과 발을 본 적이 있는가? 미용실을 고객으로만 찾는다면 절대 찾아볼 수 없을 것이다. 잦은 물과 화학제의 접촉으로 미용사의 손은 그 경력에 비례하여 굉장히 거칠다.

손에서 팔까지 가려움증이 올라와 잠을 자다가 밤새 긁어서 피가 나기도 하고, 장시간 신은 하이힐로 퇴근 후의 발은 언제나 무감각하다. 거친 자신의 손과 발을 바라보며 마치 훈장이라도 되는 양 당연하게 여기는 미용사들도 많다.

권투 선수들의 글러브를 기억하라. 상대방에 대한 제압이 아닌 스스로를 위한 배려가 된다. 습관적으로 장갑을 벗고 독한 산화제와 중화제를 직접 만지지 말고 샴푸 후에는 보습용 핸드 크림을 바르고 관리해야만 한다. 또한 꾸준한 운동으로 매번 반복적으로 사용하는 한 곳의 근육들을 풀고, 근력을 배양해야만 한다.

장기적인 불황속에서도 고객의 미용지갑은 열리고, 알파고와 같은 인공 지능형 컴퓨터와 기계가 쏟아져 나온다 한들 미용과는 거리가 멀다. 그렇다고 정년이 정해진 시한부⑦ 직업군도 아니다.

이렇게 좋은 미용사라는 직업을 오랫동안 하기 위해서는 어떻게 하여야 할까? 바로 권투 선수처럼 자신을 보호하는 권투 글러브를 착용하여야 한다.

오늘도 마음은 있으나 실천하지 못하는 미용인들이라면 아까워하지 말고 자신을 위해 스스로 먼저 배려해 보도록 하자.

"화학 시술 시 장갑은 필수, 샴푸 후 핸드 크림 바르기, 일주일에 3번 이상 운동하기 그것도 근력 운동 위주로… 미용인들의 건강과 열정을 응원합니다."

역발상 생각 근육 69

# Match point

## 매치 포인트

경기의 승부를 마무리 짓는 마지막 1점을 가리키는 말이다.

게임 포인트가 해당 시합, 그러니까 예를 들어 게임 포인트가 X강 시합 중 Y차전이라는 하나의 시합의 승부를 가르는 1점을 가리킨다면 매치 포인트는 X강 자체의 승패를 가르는 점수를 말한다.

배구나 테니스 같이 1회 초과의 세트로 승패를 가르는 경우 특정 세트의 승패를 가르는 것이 게임 포인트라면 세트 전체를 통합해 다음 라운드 진출 팀, 혹은 우승팀(이 쪽은 '챔피언십 포인트'라는 표현을 쓰는 경우도 있다.)을 가르는 것이 매치 포인트이다.

2016년 여름 유난히 더웠다. 8월 한 달 간은 거의 25도에 육박하는 열대야로 밤잠 설치는 사람들이 많았고 설상가상으로 거기에 한 몫 한 것이 바로 브라질에서 열린 2016 리우 올림픽이었다. 손에 땀을 쥐게 하는 박빙의 명승부들이 TV 곳곳에서 연출되었고, 영화같은 감동의 역전승 장면들이 아침 출근 길을 방해하곤 하였다.

그 중에 가장 뇌리에 강하게 스치는 명장면을 꼽자면 나는 주저없이 펜싱의 박상영 선수를 떠올린다. 헝가리 임레 선수와의 결승전 장면은 정말 다시 생각해도 소름 돋고 많은 부분을 시사하고 스스로를 반성하게 한다. 당시 헝가리 임레 선수에게 10:14로 밀려 패색이 짙은 상황에서 혼잣말로 '할 수 있다.'를 외치며 거짓말같이 단 1점도 실점하지 않으면서 차근차근 점수차를 좁혔다. 그리고 14:14 매치 포인트 순간이 왔다. 어린 박상영 선수의 투혼과 정신력을 보며 어느덧 메달의 색깔은 잊은 채 대한민국 국민으로서 열심히 응원했다.

단 1점만을 먼저 따낸 선수만이 시상대의 가장 높은 자리에 오르고 그동안의 혹독한 땀과 인내를 보상 받을 수 있다. 그렇게 스포츠의 세계는 비정하다. 쫓기던 박상영 선수는 어느덧 세계 랭킹 1위에 빛나는 임레 선수를 심리적으로 바짝 뒤쫓고 있었다.

이쯤 되면 그 동안의 연습량보다는 얼마나 더 침착하고 냉정한지가 승부를 좌우하게 된다. 매치 포인트만을 남겨둔 상황에서 박상영 선수는 마지막으로 '할 수 있다.'를 속으로 외치며 마음을 비웠다.

2016년 국민 유행어로 등극한 '할 수 있다.'는 여러 가지 경기 악재와 장기화된 불황속에서 허덕이던 국민들을 위로하기에 충분했고, 그렇게 나를 포함한 밤잠 잊은 한국의 국민들은 무명에 가까운 박상영 선수를 따라 그렇게 마음속으로 '할 수 있다.'를 주문인 양 외쳤다.

마지막 금빛 매치 포인트가 갈리고, 박상영 선수는 시상대 가장 높은 곳에서 태극기를 바라보며 애국가를 들을 수 있었다. 동시간대 밤을 잊은 대한민국의 국민들 역시 감격해 하며 자신의 승리 이상으로 박상영 선수를 응원했다.

비단 매치 포인트는 스포츠에만 국한되어 나타나는 것 같지만은 않다. 언 뜻 보면 반복적으로 보이지만 미용실에서도 순간순간 등장하는 매치 포인트 가 많이 발생한다. 고객에게 첫 커트라는 절대절명의 매치 포인트를 앞두고 주저하여 다른 미용사에게 맡기기도 하고 혹은 너무 넘쳐나는 의욕을 앞세워 스타일을 망치는 예가 허다하다.

얼마나 침착하고, 냉정한가? 그리고 정신력은 철저하게 무장되어 있는가?

스포츠와 미용을 떠난 인생의 매치 포인트 앞에서 당신이 스스로에게 물 어야 할 질문이 아닐까 생각한다.

"나는 할 수 있다. 고로 여러분도 할 수 있다."

# 뷰티 살롱의 송도삼절

송도는 지금의 개성을 이르는 말이다.

개성하면 송도삼절을 빼놓을 수 없긴 하지만 가장 최근에는 2016년 개성공단 폐쇄 조치와 함께 남한의 기업인들이 황망한 모습으로 설비며 원자재를 개성 공단이 있는 북한에 두고 판문점을 통해 육로로 거의 몸만 빠져 나오다시피한 모습들이 아직도 기억에 생생하다.

2017년에 접어든 지금까지도 개성 공단 입주 기업들의 실질적인 피해보상 조치는 이루어지지 않고 있으며 전체 피해액을 1조 3000억대로 감안할 때 국가가 책정한 보상금은 4600억원대라고 하니 사실상 피해액을 고스란히 보상받기란 쉽지 않을 전망이다.

과거와 현재를 오가면 말도 많고 탈도 많은 송도는 고구려의 부활을 꿈꾸는 옛 고려의 도읍지이기도 했고, 한반도의 정중앙으로 서해와 인접해 있어 대륙과 바다 진출이 용이한 지리적 장점이 있다.

이러한 지리적인 장점 외에도 송도는 황진이, 서경덕, 박연폭포와 함께 송도삼절이라 하여 이미 역사적으로도 유명세를 떨쳤다.

잠시 송도삼절에 얽힌 일화에 대해 알아보자.

황진이는 조선 중종 때 개성에서 태어났다. 어려서부터 용모가 곱고 자태가 아름다웠는데, 어느 해 황진이를 짝사랑하던 이웃 청년이 마침내 병들어 죽고 말았다. 청년의 장례일이 되어 황진이의 집 앞을 지나는데 운구가 갑자기 땅에 붙어 떨어지지 않았다. 아무리 힘을 써도 움직이지 않더니 황진이의 저고리를 얹자 비로소 움직였다.

이 일이 있은 후 황진이는

"내 미모로 말미암아 남자를 죽게 하였으니 앞으로도 이런 일이 또 일어날지 모른다. 차라리 기생이 되는 것이 낫겠다."라고 생각하였다.

그가 기생이 된 후 시가와 풍류로 일생을 보낼 때 많은 선비와 유학자들을 사로 잡았는데, 지족 선사라는 유명한 승려까지도 파계시킨 일이 있었다. 하지만, 오직 서경덕만은 움직이게 할 수 없어 높이 우러르며 존경하였다.

황진이는 성악·한시·시조 등에 뛰어났으며 서경덕·박연 폭포와 더불어 송도삼절로 일컬어진다.

송도삼절은 지금의 개성을 대표하는 일화로 황진이, 서경덕, 박연폭포가 주축을 이룬다.

그렇다면 뷰티살롱을 대표하는 송도삼절은 무엇일까? 결론적으로 말하자면 기술, 서비스, 경영 시스템이 아닐까 생각한다.

첫째, 미용에 있어 기술은 더 이상 말이 필요없는 절대적인 요소이다. 따라서, 기술을 강조하고 중요성을 언급하기보다는 당연하게 받아들여 끊임없이 노력하고 지속적으로 보완해야 할 요소이다.

둘째, 서비스는 고객에게 있어 기술적 만족도와 함께 재방문율을 높이는 요인이기 때문에 롤 플레잉을 통해 기술의 습득 과정을 거치듯 반복적으로 습관화해야 할 요소이다.

마지막으로 경영 시스템은 미용실의 제반 운영과 관리를 완성하는 하드웨어로서 경영자의 철학과 제반 운영 서식 등이 필요하다.

이성보다는 감성적 측면이 강한 미용실의 경영 방식에도 상당부분 고객 트렌드와 시대적 요구에 발맞춰 틀을 만들어야 한다. 아무렇지도 않게 고객의 주민번호와 전화번호를 요구하는 행위는 고객의 동의 없이 진행하여서는 안되고, 현금을 유도하기 위해 신용카드와 현금의 마일리지를 차등 적용하는 행위는 위법에 해당된다.

일반적으로 우리나라 뷰티살롱의 송도삼절 중 기술과 서비스는 상당부분 상위에 포지셔닝되어 있지만 경영 시스템은 아직까지 미비한 상태라 이 장에서는 간단한 염색 시술 동의서라는 서식을 소개할까 한다.

미용실에서의 염색 과정을 보면 반드시 염색 시술 전 패치테스트를 거쳐야 하는데 미용사는 패치테스트를 하지 않는 것을 당연시하고, 고객 또한 시간상 불필요한 절차라고 생각하기도 하고 또 있는 줄도 모르는 경우가 허다하다.

그러나 염색 시술 후 고객의 알러지 반응이나 기타 염증, 화상 등과 같은 물리적 손상이 발생되었을 때는 법적인 부분의 시시비비가 가려지게 되고 대부분 패치테스트를 하지 않은 미용실의 과실이 인정되는 경우가 많다. 그렇다고 패치테스트를 할 수도, 안 할 수도 없는 여간 난감한 일이 아니다.

간단한 염색 시술 동의서와 함께 고객의 동의를 얻어 염색 시술을 하게 되면 운전자 보험과도 같은 든든한 백그라운드를 얻게 될지도 모르겠다.

# 염색 시술 동의서

설문에 응해 주셔서 감사합니다.


저희 ○○미용실은 고객님의 스타일과 함께 건강을 최우선으로 생각하여 고객님의 염색 시술 전 컨디션을 체크하고 고객님께 알맞은 이미지의 스타일을 파악하고자 합니다.

아래 내용을 보시고 체크 부탁드립니다.(복수 응답 가능)


**해당 부분에 체크해 주시기 바랍니다.**


1. 고객님은 (☐ 밝아지기 ☐ 어두워지기 ☐ 그대로 유지하기 ☐ 백모 가리기)를 원합니다.
2. 반사빛은 (☐ 따뜻한 ☐ 차가운 ☐ 자연스러운) 느낌을 좋아합니다.


○○미용실에서는 아래와 같은 해당 사항이 있을 경우 염색 시술을 권하지 않고 있습니다. 아래 사항을 확인하신 후 해당 사항에 체크 하시고 담당 디자이너와 충분히 상담 후 염색 시술을 권해드립니다.

아래

| 항목 | 예 | 아니오 |
|---|---|---|
| 1. 염색 시술 시 피부 이상 반응(부종, 염증) 등이 있었거나 염색 중 또는 염색 직후에 발진, 발작, 가려움 등이 있거나 구역, 구토 등 속이 좋지 않았던 경험이 있었는가? | | |
| 2. 피부시험(패치 테스트)의 결과 이상이 발생한 경험이 있는가? | | |
| 3. 현재 머리, 얼굴, 목덜미에 부스럼, 상처, 피부병 등이 있는가? | | |
| 4. 임신 중 또는 임신 계획이 있는가? | | |
| 5. 출산 후 병증, 병후의 회복기에 있는 분으로 그 밖의 신체 이상이 있는가? | | |
| 6. 특이체질, 신장병, 혈액 질환이 있는가?(천연/식물성 알러지 등) | | |
| 7. 미열, 권태감, 두근거림, 호흡곤란의 증상이 지속되거나 코피 등의 출혈이 잦고 생리 그 외의 출혈이 멈추기 어려운 증상이 있는가? | | |

고객님은 과거 위와 같은 증상이 없었으며 패치 테스트 과정을 거치지 않고 염색 시술하는 것에 동의하십니까?( ▢ 예 / ▢ 아니오 )

년 월 일

고객명 :　　　　(서명)

담당자 :　　　　(서명)